新世纪农村普法读本

依法治国之送法下乡

农村婚姻继承常见法律问题解答

（案例应用版）

路　正◎著

中国政法大学出版社

2015·北京

依法治国之送法下乡丛书编委会

专家顾问

冯晓青（中国政法大学教授，博士研究生导师）

李永军（中国政法大学教授，博士研究生导师）

李显冬（中国政法大学教授，博士研究生导师）

来小鹏（中国政法大学教授，博士研究生导师）

张　楚（中国政法大学教授，博士研究生导师）

隋彭生（中国政法大学教授）

房保国（中国政法大学副教授）

吴丹红（中国政法大学副教授）

编委会成员

路　正	段建辉	孙才涛	郭　锰	张立杰	薛晓雪	吴自恩
张　旭	陈熙云	张亚凤	薛　平	吕鑫萍	俞能强	吴　辉
张雪莲	田力男	刘婷婷	罗　舜	丛怀挺	王玉山	司　宇
李吉斌	修明贺	邱华锋	黄克彪	柴永林	刘海龙	王永权

序

在所有的法律当中，和我们生活联系最密切的莫过于民法，而在民法中，咱们老百姓最关心婚姻法与继承法。婚姻关系着一个家庭的组建，影响着家庭的幸福美满，而继承则是中国从古至今都非常重视的。一个国家婚姻与继承制度的好坏，直接关系到国家的稳定与发展，更重要的是由于这两项制度与老百姓的生活息息相关，深刻影响着构成这个社会的每一个家庭单元。婚姻法与继承法是适用于全体公民的普通法律，老百姓的利益都与这两部法律紧密联系。

尽管婚姻法与继承法与我们的生活联系密切，但是，由于法律术语的专业性以及法律条文的复杂性，我们大多数老百姓都很难去接触像天书一样的法律。尤其是咱们农村的朋友，平常会忙于挣钱养家，根本没有空闲的时间专门去看这两部法律，更别说当遇到婚姻以及继承的问题时，能够迅速地利用法律知识去解决了。虽然，我们的法律普及程度并不是很高，但是应该看到的是，咱们老百姓对于法律知识的渴求是非常高的，特别是在社会快速发展的当今社会，多了解一些法律常识，遇到问题时就不至于焦头烂额。我们编写这套农村普法书籍的目的，正是为了呼应广大农民朋友的强烈需求。这本婚姻与继承的法律手册，并没有采用生涩的罗列法律的方式，而是列举了 100 个咱们日常生活中经常出

1

现且老百姓比较关心的婚姻与继承的问题；全书分为两大部分，第一篇主要涉及婚姻与家庭，第二篇主要涉及继承方面的法律问题。我们用小案例的形式来对每个问题进行形象地展现，案例的后面是法律分析，通过直白的语言为老百姓寻找问题的解决方法。书中的主要内容集中在结婚、家庭关系、离婚、亲子关系、继承等方面。

　　本书可以帮助我们老百姓初步地了解婚姻与继承，并在此基础上解决生活经常遇到的问题。这本书的特色就是实用，农民朋友完全可以利用空闲的时间翻阅一下。书中的案例都是一个个的小故事，非常具有可读性，希望能够给农民朋友的生活提供指导和帮助。由于时间仓促加之作者水平有限，书中有疏漏之处还请广大读者批评指正。

路　正

2015 年 1 月于北京

目 录

第一篇

婚姻与家庭

第二篇
继 承

第一篇

婚姻与家庭

1　包办婚姻符合习俗但是合法吗?

典型事例

川北山区金子乡年近 30 岁的村民吴富贵,高中毕业后虽未考上大学,但聪明好学,掌握了维修技术,经常走村串户为村民修理家电、农机具,收入较好。由于他脸部有一红色"胎记",虽经人介绍了几个对象,均嫌其相貌而未能成功。他的远房亲戚杨德高,因丧偶又多病,与其 20 岁的女儿杨珍相依为命,生活困难。2001 年 8 月,吴富贵为讨得杨家父女的欢心,主动送去 1000 元给杨德高治病,并表示今后在经济上会大力帮助,使杨家父女感激不已。

同年 9 月初,吴富贵委托"媒人"带着礼物去杨家提亲。杨德高认为,吴富贵虽然相貌不敢恭维,但聪明、勤劳,又有手艺、收入可观,女儿许配给他,不仅生活有靠,而且会得一笔丰厚的"彩礼",便背着女儿一口答应了这门亲事。

9 月 15 日吴富贵与"媒人"再次来到杨家,商议订婚和"彩礼"事宜,几经讨价还价,最后议定吴富贵付给杨德高彩礼款 3万元,并负担一切结婚用品费用,定于 10 月 1 日举行婚礼。不几天,吴富贵如数送去了彩礼及结婚用品,杨德高也去村委会开具了杨珍与吴富贵的结婚证明。杨珍知情后,坚决不同意与吴富贵结婚,要其父退回钱物,遭到其父打骂。9 月 20 日杨德高逼杨珍去乡政府办理结婚登记,杨珍不从,又遭毒打,并凶狠地说:"'父母之命,媒妁之言'自古以来是天经地义的规矩,必须去办结婚证。"

　　杨珍无奈，只得哭哭啼啼随杨德高去乡政府，因婚姻登记员是吴富贵的堂兄，便违法为双方办理了结婚登记。婚期将至，杨珍便逃到 20 里外的舅父唐建方家躲藏，10 月 1 日，吴富贵带着亲友到杨家"迎亲"，见杨珍不在，便威逼杨德高交人。杨德高便带吴富贵等 20 余人到唐建方家"迎娶"。杨珍东躲西藏，仍被其父抓住，又遭打骂，但仍表示誓死不与吴富贵结婚。杨德高便对吴富贵说："人我交给你了，你用什么办法叫她跟你去成亲，我不管。"说完后便扬长而去。吴富贵便找来绳索，将杨珍手脚捆绑，由四个小伙子轮流抬去吴家举行"婚礼"后，杨珍仍然誓死反抗。10 月 5 日，杨珍舅父唐建方见杨珍未按"风俗"回门，担心外甥女受到折磨，便赶去吴家看望，见杨珍仍被捆在床上，奄奄一息。当即要求恢复杨珍人身自由，吴富贵声称："她是我用了 3 万元买来的，'娶来的媳妇买来的马，任我骑来任我打'，你无权干涉。"

　　唐建方便向当地警方报案，要求解救。派出所立即出警，赶到吴家时，吴富贵又指使亲友持械阻止，并将公安人员打伤。公安机关将吴富贵拘留，并将杨珍解救，使其恢复了人身自由。公安机关经侦查发现吴富贵的上述行为属实，经报县检察院批准将吴逮捕，并由检察院向法院提起公诉。

　　县法院刑庭以吴富贵犯强奸罪，判处徒刑四年；非法拘禁罪，判处徒刑二年；阻碍国家工作人员依法执行职务罪，判处徒刑三年。数罪并罚，合并执行徒刑八年。吴富贵对刑事判决不服，认为杨德高是以暴力干涉婚姻自由才处一年缓刑，而对我以这么多罪判八年，显然不公，遂提起上诉。二审法院判决认为，一审判决认定的事实清楚，证据确凿，适用法律得当，遂驳回上诉，维持原判。

法律分析

　　本案是一起典型的因包办买卖婚姻引起的民事、刑事案件，两级法院的民、刑判决都是正确的。

第一，包办买卖婚姻是我国法律禁止的违法行为。本案中的杨德高，不顾女儿杨珍的反对，贪图财物，不惜用打骂等手段，强迫其女与吴富贵"结婚"，实质上是将女儿作为商品出卖，是典型的买卖婚姻行为。

第二，包办婚姻、买卖婚姻都属于可撤销婚姻。所谓可撤销婚姻是指，当事人因意思表示不真实而成立的婚姻，或者当事人成立的婚姻在结婚的要件上有欠缺，法律赋予一定的当事人以撤销婚姻的请求权，该当事人可以通过行使撤销婚姻的请求权，而使该婚姻无效。通过有撤销权的当事人行使撤销权，使已经发生法律效力的婚姻关系失去法律效力。根据《婚姻法》第11条的规定，因胁迫结婚的，受胁迫的一方可以向婚姻登记机关或人民法院请求撤销该婚姻。受胁迫的一方撤销婚姻的请求，应在自结婚登记之日起一年内提出，被非法限制人身自由的当事人撤销婚姻的请求，应当自恢复人身自由之日起一年内提出，过了这个时间期限没有提出撤销请求，即视为有效婚姻。

第三，暴力干涉婚姻自由应承担刑事责任。本案中杨德高干涉婚姻自由的行为已经达到了犯罪的程度，《刑法》第257条规定："以暴力干涉他人婚姻自由的，处二年以下有期徒刑或拘役。犯前款罪，致使被害人死亡的，处二年以上七年以下有期徒刑。"

2 未登记的事实婚姻受法律保护吗？

典型事例

案例一：杨某与女子刘某同住一村，两人自小认识，双方父母彼此之间也很满意。后来，两人经双方家人撮合，在没有办理结婚登记的情况下，摆宴席邀请亲朋好友证婚。婚后，杨某到外地打工，打工期间赵某进入杨某的生活，二人朝夕相处，很快两人办理了结婚登记手续。刘某得知此事后，想向法院起诉离婚并分割共同财产。

案例二：李某是一名地地道道的客家女子，因为家庭贫困，她小学毕业后就辍学了。1990年，刚满15周岁的李某经同村人介绍，嫁给了比她年长14岁的丰顺男子刘某，两人按农村风俗举行了婚礼。刚开始，两人的生活还算美满，李某为刘某生育了两个儿子，并把自己的户口重新登记到了刘某家的户口本上。然而好景不长，两人经常为生活琐事争吵，脾气暴躁的刘某还经常动手打李某。为了年幼的孩子，李某只得再三忍让，勉强继续与刘某共同生活。今年7月份，眼看两个儿子均已长大成人并都找到了各自的工作，李某心头的那块石头也放了下来。于是，她来到丰顺县人民法院留隍法庭，向法院提起诉讼，请求法院解除其与丈夫刘某的婚姻关系。法院经审理后认为，虽然李某与刘某的户籍登记卡记载两人为"夫妻关系"，但是李某与刘某一直未办理结婚登记手续，双方在法律上不存在婚姻关系。此外，虽然双方按农村风俗举行结婚仪式的时间是在1994年2月1日民政部颁布《婚姻登记管理条例》之前，本应视为事实婚姻关系，但是直至1994年2月1日李某仍未满20周岁，不符合结婚的实质要件。因此，按照法律规定，李某与刘某也不构成事实婚姻关系，只能按同居关系处理。

法津分析

所谓事实婚姻，指没有配偶的男女，未进行结婚登记，便以夫妻名义同居生活，群众也认为是夫妻关系的两性结合的婚姻。

事实婚姻是相对于合法登记的婚姻而言的，事实婚姻未经依法登记，本质上属于违法婚姻，但考虑到我国的现实国情，为了维持一定范围内的，特别是广大农村人口婚姻关系的稳定，国家对未办理结婚登记而以夫妻名义同居生活的男女双方之间的关系有条件地予以认可，这就产生了"事实婚姻"这一概念。

2001年12月27日最高人民法院《关于适用〈中华人民共和国婚姻法〉若干问题的解释（一）》（以下简称《婚姻法司法解释（一）》）第5条规定："未按《婚姻法》第8条规定办理结婚登记而以夫妻名义共同生活的男女，起诉到人民法院要求离婚的，应当区别对待：（一）1994年2月1日民政部《婚姻登记管理条例》公布实施以前，男女双方已经符合结婚实质要件的，按事实婚姻处理；（二）1994年2月1日民政部《婚姻登记管理条例》公布实施以后，男女双方符合结婚实质要件的，人民法院应当告知其在案件受理前补办结婚登记；未补办结婚登记的，按解除同居关系处理。"

我国法律明确规定，办理结婚登记手续是结婚的形式要件，是当事人缔结婚姻关系必须遵守的程序。我国采用的是婚姻登记制，简单地说就是男女双方要求结婚时，必须依法向结婚登记机关申请登记结婚，取得结婚登记证。在当事人取得结婚登记证起，夫妻关系得到确立，这时的婚姻关系才会受法律保护。而是否举办婚礼，完全取决于当事人的自愿。但是，如果按照习惯或风俗举办婚礼，那么一定要到婚姻登记机关补办登记，补办后取得结婚证的，才受法律保护。案例一中杨某与刘某之间的夫妻关系没有确立，所以也就不存在共同财产的问题。因此，刘某主张分割共同财产的请求是得不到法律支持的，而只能要求法院依法解除同居关系。

而在案例二中，根据1994年2月1日民政部《婚姻登记管理条例》第24条规定："未到结婚年龄的公民以夫妻名义同居的，或符合结婚条件的当事人未经登记以夫妻名义同居的，其婚姻关系无效，不受法律保护。"也就是说，男女双方在此之前以夫妻名义进行同居并且具备结婚的实质要件，是一种事实婚姻，受到法律保护。在此之后，只要不进行结婚登记，就不存在所谓的事实婚姻，也不受法律保护了。

3 表哥与表妹结婚合法吗？

典型事例

项军与赵枚原系表兄妹关系，即项军之父与赵枚之母系同胞兄妹。故项军与赵枚自幼相识，青梅竹马，感情甚笃。1996年已达法定结婚年龄的项军与赵枚开始自由恋爱，不久，两人便共同居住生活，双方父母也未加以干涉。1996年3月19日，他们隐瞒了双方血缘亲属关系的事实，到丰城市荣塘镇民政所办理了结婚登记手续，随后二人举行了婚礼，共同组建了家庭。婚后初期夫妻感情尚好，于次年3月，生育一女，所幸孩子身体健康，并无先天缺陷。但是，时间一长，夫妻双方因家庭琐事经常发生争吵，感情出现裂痕。自2004年底，赵枚便离家外出打工，长期不归。并于2007年12月17日，诉至丰城市人民法院，请求法院判决其与项军离婚（在庭审中，双方就孩子抚养权问题已达成协议）。

法院经审理认为：项军与赵枚系舅（姑）表亲，是三代以内的旁系血亲，属《婚姻法》规定的禁止结婚的近亲属范围。尽管其双方因隐瞒近亲血缘关系的实情，办理了结婚登记手续，但仍属于无效婚姻。据此，丰城市人民法院于2008年2月21日一审做出如下判决：原告赵枚与被告项军的婚姻无效。

法 律分析

近亲结婚是封建社会遗留下来的陋习之一，对当事人和社会有极大的危害性。国家法律禁止一定范围内的亲属结婚，主要基于两方面的考虑：一是优生学原理，因为血缘关系太近的男女结婚，由于其基因的相似性，很容易将他们本身生理或精神上的缺陷，遗传给后代的子女，加重家庭和社会的负担，也不利于整个民族的健康发展；二是传统伦理观念的要求，特别是禁止没有血缘关系的拟制直系血亲结婚，就是充分考虑到风俗习惯的因素。因此，当事人本人应当遵守法律规定和公序良俗，不在近亲属之间建立婚姻家庭关系，从而在整个社会中杜绝近亲结婚的现象。

2001 年九届全国人大新修订的《婚姻法》第 7 条第 1 项规定，"直系血亲和三代以内的旁系血亲"，禁止结婚。第 10 条规定："有下列情形之一的，婚姻无效：……（二）有禁止结婚的亲属关系的；……"因此，该人民法院的判决是正确的，亲表兄妹之间的婚姻应属无效婚姻。

禁止一定范围内的近亲属结婚，在世界各国的婚姻法中都有相关规定，但对禁止的"范围"规定则有所差异。我国《婚姻法》对此的规定是，直系血亲和三代以内的旁系血亲不得结婚。所谓直系血亲，指的是父母子女之间，祖父母、外祖父母与孙子女、外孙子女之间禁止结婚，这也是世界各国的通例。另外，我国《婚姻法》还规定，养父母与养子女的权利义务、继父母与其抚养教育的继子女的权利义务适用父母子女之间权利义务关系的相关规定。因此，养父母与养子女之间、继父母与继子女之间也属于法律拟制的禁止结婚的直系血亲范围。对于三代以内的旁系血亲，我国采用的是世代计算的标准，指的是与己身出于同一祖父母或外祖父母的旁系血亲，即以自己为第一代，上推三代，父母为二代，祖父母、外祖父母为三代，或下推三代，侄子女、（外）孙子女都属于三代以内的旁系血亲，禁止结婚。具体而言，三代以内的旁系血亲包括以下近亲属：①兄弟姐妹，包括同胞兄弟姐妹、同父异母的兄弟姐妹、同母异父的兄弟姐妹，但不包括没有血缘关系的异父异母的兄弟姐妹；②伯、叔、姑与侄女、侄，舅、姨与甥女、甥；③双方父母为亲兄弟姐妹的堂兄弟姐妹和表兄弟姐妹；（外）祖父母为同胞兄弟姐妹的堂（表）兄弟姐妹，则不在此列。本案中，项军之父与赵枚之母系同胞兄妹，故项、赵二人是典型的三代以内的旁系血亲，属法定禁止结婚的情形，其婚姻理应属无效婚姻。事实上，现行《婚姻法》禁止近亲结婚的规定主要针对的就是中表婚，即表兄弟姐妹之间的婚姻。

那么，对于此类婚姻无效案件的处理应注意什么呢？首先，申请人和被申请人的问题。《婚姻法司法解释（一）》第7条规定："有权依据婚姻法第十条规定向人民法院就已办理结婚登记的婚姻申请宣告婚姻无效的主体，包括婚姻当事人及利害关系人。"最高人民法院《关于适用〈中华人民共和国婚姻法〉若干问题的解释（二）》（以下简称《婚姻法司法解释（二）》）对此做了更加具体的规定。因此，对于宣告婚姻无效案件的申请人，应是婚姻当事人或利害关系人，被申请人则是婚姻当事人的一方或双方。婚姻当事人即夫或妻作为申请人或被申请人主体的，易于认定，不必多言。但利害关系人的范围，则因不同的婚姻无效的情形而有所差别（如对未达法定婚龄和重婚而申请婚姻无效的利害关系人主体的范围就不太一致），对于因近亲血缘关系而有资格提起申请宣告婚姻无效的利害关系人主体主要是指当事人的近亲属，一般不包括其他主体，如基层组织等。

另外，根据现行《婚姻法》和最高人民法院的司法解释，人民法院审理宣告婚姻无效的案件，不适用调解，判决一经作出立即发生法律效力；申请人对他提起的宣告婚姻无效的案件申请撤诉的，人民法院不予准许；被人民法院判决无效的婚姻，自始无效。因此，对于违反法律规定的近亲结婚案件的处理，不适用调解，不许撤诉，法院一旦作出确认判决，该婚姻自始无效，即在法院判决以后该婚姻自始不受法律保护。

4 结婚不靠谱，男方能够要求返还彩礼吗？

典型事例

王成生于某市农村，到33岁还没讨着老婆。王成的父母很是焦急，经媒婆介绍，他与邻镇姑娘姜芳见面。经过交往，姜芳愿以身相许，但是提出的条件是王家要给付48 000元的彩礼，并表示，只要彩礼到位，马上可以完婚！

王成的父母凑足彩礼，当着媒婆的面交给女孩的父亲姜东明。拿着花花绿绿的票子，姜东明表示马上成婚。不久，王成与姜芳在没有领取结婚证的情况下，走进了婚姻的殿堂。虽然没有大操大办，但也宴请了亲朋好友，婚礼热热闹闹。但婚后不久令王成百思不得其解的是，姜芳并不安心在王成家，不时外出，经常跑回娘家。"结婚"两个多月时间，姜芳在王成家待了不到二十天。后来，结婚仅仅两个多月，姜芳就不辞而别，王成到处寻找未果，找"岳父"姜东明要人，姜东明说也不知道。后来见没有什么希望，王成又提出要姜东明返还彩礼。姜东明也不再客气，他说："我并不欠你的钱，虽然是我打的收条，但结婚时已经全部交给了姜芳，她也和你结了婚，她的事我管不了！"

姜芳不见踪影数月之后，在姜东明不闻不问的情况下，2005年8月8日，王成一纸诉状将姜芳及姜东明告上了法庭。王成诉称，其于2005年1月经人介绍与姜芳认识并确立恋爱关系，同年

2月6日姜芳家经介绍人索要礼金48 000元，有姜东明于2月17日所立字据一份。后虽然举行了结婚仪式，但同居期间姜芳经常外出不归，后不辞而别。请求法院判令姜芳及姜东明返还彩礼，并承担连带责任。后来法院最终判决由姜芳返还王成彩礼40 000元，姜芳的父亲姜东明承担连带返还责任。

法律分析

在什么情况下男方给予女方的彩礼可以返还呢？在本案中法院为什么判决姜芳把彩礼返还给姜东明呢？

《婚姻法司法解释（二）》颁布之前，处理彩礼纠纷没有确切的依据和统一的标准，而该解释的出台，则标志着我国在立法上处理彩礼问题的进步。《婚姻法司法解释（二）》第10条第1款规定："当事人请求返还按照习俗给付的彩礼的，如果查明属于以下情形，人民法院应当予以支持：（一）双方未办理结婚登记手续的；（二）双方办理结婚登记手续但确未共同生活的；（三）婚前给付并导致给付人生活困难的。"

实际上，对于彩礼的返还应权衡双方利益，尤其是要本着保护妇女，保护弱者的原则。但在本案中，姜芳仅与王城同居两个多月就反悔回娘家，最后又不辞而别，下落不明。故过错在于女方，因此法院最终支持了王成的诉讼请求，由女方返还了男方大部分彩礼。因此在彩礼返还上，实际上还是以男女方的过错为判断依据的。

从上面看，本案属于《婚姻法司法解释（二）》第10条第1款第1项规定的情形。那么应该有人发问了：本案中虽然老丈人姜东明收了彩礼，但其实这钱主要用于婚姻开支，应该是代女儿姜芳收下彩礼，怎么能要求老丈人返还彩礼呢？是否应当让女方家人承担连带清偿责任？

其实就缔结婚姻关系而言，当事人只能是男女双方，但根据民风民俗，彩礼的给付不仅仅涉及男女双方，而且涉及双方家庭之间的往来。在习俗中，一般是父母送彩礼，也是父母代收彩礼，即使由本人亲自接收，儿女为表孝心，感激父母多年的养育之恩，也会将一部分交由父母。所以，将当事人父母列为共同被告并无不妥。另外从判决执行角度考虑，对于这样的案件，确定承担返还义务的主体资格直接关系到原告权利能否实现。由于女方失踪，如果仅判决由女方承担责任，那么判决的最终结果将是空纸一张，将极大地影响法院判决的公信力和可执行性。

律师提示

那么在结婚时，涉及彩礼问题应该注意什么呢？

1. 首先是要对感情负责，对对方负责，对自己的幸福负责，切勿因彩礼多少而左右了感情选择。

2. 在双方定好彩礼和结婚等问题后，除了按照民俗民风举行仪式和宴席外，先要到民政部门办理结婚登记手续。

3. 对于彩礼，一定要通过媒人交接。因为赠送彩礼与一般的民事行为有所不同，赠与方不可能要求对方出具收条等书面手续，以表明其已收到彩礼。因此，当引发彩礼纠纷时，当事人举证比较困难。因此，中间人就非常重要。

4. 对彩礼，女方父母不应过多干预，最好由女方以自己名义办理存折，由女方自行处理，这样一方面可以证明彩礼的去向，另一方面可以避免承担返还彩礼的连带责任。

5 明知女方是精神病仍与其结婚的，可以请求婚姻无效吗？

典型事例

蒋安玉（申请人）与徐小红（被申请人），经媒人介绍相识，因徐小红婚前患大脑痴呆病，丧失部分自主生活能力，蒋安玉曾以书信形式向徐小红父母保证婚后不歧视徐小红。1992 年 4 月 5 日，蒋安玉与徐小红到婚姻登记机关进行登记结婚。1998 年 5 月 25 日抱养一女，取名蒋拾玖，一直随申请人生活。2005 年元月，蒋安玉外出打工，因徐小红无自主生活能力，被送回其娘家生活至今。2009 年 5 月 4 日，徐小红到平顶山精神病医院被诊断为"病控性精神病"。现在，蒋安玉向法院申请两人之间的婚姻无效。

法律分析

法院认为，我国《婚姻法》规定，男、女双方结婚，必须符合法定结婚条件。被申请人徐小红自幼先天性智能发育不全，症状表现痴呆，丧失部分自主生活能力，属限制民事行为能力人。虽然申请人蒋安玉在明知被申请人徐小红患有疾病的情况下与其结婚，但是被申请人徐小红的病状属严重遗传性疾病，后代再现风险高，是医学上认为不宜结婚的遗传性疾病，又是限制民事行为能力人。因此，申请人有权向法院申请宣告婚姻无效，申请人的请求符合有关法律规定，法院予以支持。被申请人的代理人辩称其所患病症属婚后所患，与被申请人自身的举证不符，法院不予采信。根据《婚姻法》第 7 条、第 10 条，《母婴保健法》第 8 条、第 38 条，《婚姻登记条例》第 6 条、第 13 条之规定，判决如下：宣告申请人蒋安玉与被申请人徐小红的婚姻无效。

我国《婚姻法》规定了婚姻有效的两个必要条件，一是男女双方完全自愿，不许任何一方对他方加以强迫或任何第三者加以干涉。本案的申请人为保证结婚而做出的约定自然证明其是完全自愿的，而被申请人因为自幼先天性智能发育不全，症状表现痴呆，丧失部分自主生活能力，属限制民事行为能力人，那就不具备完全自愿的能力，所以两者在婚姻第一条要件是不具备的。二是男女双方必须达到法定婚龄，男年满 22 周岁，女年满 20 周岁。

我国《婚姻法》也规定了婚姻的禁止性条件，包括三个：一是，禁止重婚，即要求结婚的男女双方必须是单身，没有还存在的婚姻关系；二是，禁止直系血亲和三代以内旁系血亲间的婚姻。如果是有拟制血亲关系结婚的，也必须履行相关法定程序；三是，禁止患有一定疾病的人结婚。这些疾病分为两类：一是，重大不治且有传染性或遗传性的身体方面的疾病，患者结婚会严重危害他方和后代的健康；二是，精神类疾病，包括先天性痴呆、精神病、精神耗弱等。本案的被申请人徐小红患有的疾病就是先天性智能发育不全，丧失部分生活自主能力，属于法律规定的禁止性结婚主体，所以双方当事人最初的结婚无论是从法律规定的婚姻积极要件上，还是禁止性结婚消极要件上看都是不合法的。所以，本婚姻不受法律保护，该婚姻应该自始无效，

当然，本案容易引起争议的地方，就是本案的申请人在结婚时就已经知道被申请人是禁止结婚主体，患有法定不适合结婚的精神疾病，但是还是与其结婚，且做出书面保证不歧视被申请人的承诺。这就是法定与约定的冲突，但是法律的强制性规定不允许当事人自由约定，更不因为当事人约定而否定法律强制性规定且不适用法律强制性规定。

所以，最后法院判决该婚姻无效是有理有据，有法可查的。婚姻无效的判决效力溯及既往。

法律依据

《婚姻法》第7条："有下列情形之一的，禁止结婚：

（一）直系血亲和三代以内的旁系血亲；

（二）患有医学上认为不应当结婚的疾病。"

《婚姻法》第10条："有下列情形之一的，婚姻无效：

（一）重婚的；

（二）有禁止结婚的亲属关系的；

（三）婚前患有医学上认为不应当结婚的疾病，婚后尚未治愈的；

（四）未到法定婚龄的。"

《母婴保健法》第8条："婚前医学检查包括对下列疾病的检查：

（一）严重遗传性疾病；

（二）指定传染病；

（三）有关精神病。

经婚前医学检查，医疗保健机构应当出具婚前医学检查证明。"

《母婴保健法》第38条："本法下列用语的含义：

指定传染病，是指《中华人民共和国传染病防治法》中规定的艾滋病、淋病、梅毒、麻风病以及医学上认为影响结婚和生育的其他传染病。

严重遗传性疾病，是指由于遗传因素先天形成，患者全部或者部分丧失自主生活能力，后代再现风险高，医学上认为不宜生育的遗传性疾病。

有关精神病，是指精神分裂症、躁狂抑郁型精神病以及其他重型精神病。

产前诊断，是指对胎儿进行先天性缺陷和遗传性疾病的诊断。"

《婚姻登记条例》第6条:"办理结婚登记的当事人有下列情形之一的,婚姻登记机关不予登记:

(一)未到法定结婚年龄的;

(二)非双方自愿的;

(三)一方或者双方已有配偶的;

(四)属于直系血亲或者三代以内旁系血亲的;

(五)患有医学上认为不应当结婚的疾病的。"

《婚姻登记条例》第13条:"婚姻登记机关应当对离婚登记当事人出具的证件、证明材料进行审查并询问相关情况。对当事人确属自愿离婚,并已对子女抚养、财产、债务等问题达成一致处理意见的,应当当场予以登记,发给离婚证。"

6 夫妻间的忠诚协议,法律认可吗?

典型事例

2006年5月,王一与孙梅登记结婚,婚后无生育。2008年6月共同购买某小区商品房一套。因工作原因,王一经常出差,孙梅无聊之际便参与朋友的麻将活动,久而久之,孙梅便与其中一男麻友关系甚密。王一发现后,孙梅亦承认错误,双方签订一份协议,约定夫妻双方若有一方出轨,出轨方便"净身出户",无条件放弃全部财产,并向对方支付5万元的精神损害赔偿金。协议签订后,孙梅趁王一外出出差时机继续与男麻友来往,直至发生不正当关系。王一发现后,认为夫妻感情彻底破裂,起诉至法院。孙梅同意离婚,但认为协议无效,应均分夫妻共同财产。

法院审理认为,王一、孙梅均同意离婚,法院应予支持。王

一、孙梅间签订的忠诚协议是在双方自愿的基础上签订的，且该协议没有违反法律法规的有关规定，符合我国《婚姻法》中夫妻应相互忠实的精神，亦有助于社会公德，该协议有效。经调解，王一同意放弃要求被告支付5万元精神损害赔偿金的诉请，其他按协议内容执行，孙梅亦表示认可。双方遂达成上述调解意见。

法津分析

所谓夫妻忠诚协议，是指男女双方在结婚之前或者结婚之后经双方平等协商书面约定的，以保证在婚姻关系存续期间夫妻双方不违反夫妻忠实义务为目的的，以违约金或赔偿金为责任形式的有关人身关系的协议。

夫妻忠诚协议和通常所讲的民事协议并不相同，"忠诚协议"是否有效，应根据"忠诚协议"涉及的人身关系和财产关系的具体内容进行具体分析。

1. 双方约定或一方保证夫妻之间相互忠诚的约定或承诺，性质上属于民事法律行为，可以适用《民法通则》、《婚姻法》确认有效。

婚姻是身份法上的法律行为，"忠诚协议"属于婚姻法律关系中的法律行为。《婚姻法》第4条规定"夫妻应当相互忠实"，已经将夫妻间的忠实义务纳入法律调整的轨道，夫妻相互忠实是法定义务。因此，不损害社会公众利益、第三人合法权益，不影响对未成年子女的抚养监护，不影响双方行使其他权利的单纯性的"夫妻忠诚"的约定的承诺，应当是合法、有效的。

2. "不得离婚，必须离婚就放弃对未成年子女监护权"等涉及人身关系的约定，因违反法律强制性规定而无效。

根据婚姻自由原则，主张离婚或不离婚是夫妻双方个人权利，法律禁止干涉婚姻自由的一切行为。夫妻感情是否破裂，是否主张离婚；只能是单方权利。如果双方能协调一致，可以共同去民政部门办理离婚。如果不能达成一致，任何一方都可以去法院起诉离婚。因此，夫妻之间"不得离婚"、"必须离婚"等约定的承诺，违反婚姻自由的法律原则，是无效的。

进而言之，《婚姻法》规定，父母有抚养教育子女的义务，父母有保护和教育未成年子女的权利和义务。因此，夫妻双方事先通过忠诚协议约定或承诺"放弃对未成年子女的监护权"，可能损害到子女的合法权益，并以此排除或者否定了司法监督权和裁判权，该约定显然无效。另外，如果夫妻忠诚义务约定后承诺"全部财产归无过错方所有"或者"支付巨额精神损失费"，并由此导致过错方无力支付未成年子女的抚养费，该部分约定的内容也应无效。理由是夫妻"忠诚协议"的约定可能损害未成年子女的合法权益。

3. 各种违反忠实义务的"损失费"、"赔偿款"，实质上是精神损害赔偿，应按照《婚姻法》第46条规定进行处理。

根据《婚姻法》第46条规定，《婚姻法》已将严重违背夫妻忠诚义务对方有权请求损害赔偿的情形作了严格而具体的列举，即重婚；有配偶者与他人同居。除此之外的不忠实行为，是一些轻微的侵害行为，属于道德的调整范畴，还没有纳入到法律的强制调整范围之内。因此，夫妻忠诚协议约定或承诺的各种违反忠实义务的"损失费"、"赔偿款"等，符合《婚姻法》第46条规定的，法院应予支持；不符合这一规定的，不应予以支持。

4. "夫妻共同财产全部归无过错方所有"以及其他处分夫妻共同财产的约定或承诺，属于违约责任，可以按照双方约定处理。

根据《婚姻法》规定，夫妻可以约定婚姻关系存续期间所得的财产以及婚前财产归各自所有、共同所有或部分各自所有、部分共同所有。夫妻对婚姻关系存续期间所得的财产以及婚前财产的约定，对双方具有约束力。夫妻在离婚时，夫妻的共同财产由双方协议处理。《婚姻法》的这一规定，肯定了夫妻双方可以自愿约定对共同财产进行处分。因此，夫妻忠诚协议约定或承诺关于处分夫妻共同财产的内容，应视为双方依法行使财产处分权利，当然有效。

7 儿亡媳改嫁，孙子由谁养？

典型事例

王老汉夫妇的独生儿子因心脏病突然发作，不治身亡，留下未满5岁的儿子刘小。他儿媳有了男朋友并准备改嫁时，男方拒绝接受刘小，其母就把刘小接回外公外婆家交给他们抚养，王老汉夫妇知道后，执意要抚养刘小，但是外公外婆坚持要求抚养刘小。王老汉夫妇、外公外婆双方多次协商，但还是争执不下。王老汉夫妇就向某法院起诉，要求行使对刘小的抚养权。法庭经过审理，另查明王老汉是退休工程师，每月退休金3000元，他的老伴才50岁；外公外婆也有能力抚养刘小。两者的经济情况不相上下，对刘小也都疼爱有加。最终法院判决刘小由王老汉夫妇抚养。

法律分析

根据《婚姻法》，在配偶一方死亡时，未成年子女应由生存的另一方抚养。故刘小应由王老汉的媳妇抚养。但是媳妇要改嫁，而媳妇的男友又不接受刘小，其母把刘小送给她的父母抚养，这意味着刘小的母亲默示放弃了对刘小的抚养权。抚养权可以放弃，但其法定义务还是得履行。这时候刘小的祖母和外祖母都有权利抚养刘小。《民法通则》第16条规定："未成人的父母已经死亡或者没有监护能力的，由下列人员中有监护能力的人担任监护人：（一）祖父母、外祖父母；……"从这里看出王老汉夫妇和他们的亲家都有权抚养刘小，而且他们的权利没有先后之分。但是《收养法》第 18 条规定："配偶一方死亡，另一方送养未成年子女的，死亡一方的父母有优先抚养的权利。"根据我国的法律适用位阶原则，在具体问题的适用上，具体法优先适用一般法，所以本案例应该先适用《收养法》第 18 条的规定，即王老汉有权抚养刘小。

关于刘小的母亲送养刘小行为性质的界定，我国《婚姻法》第 28 条规定："有负担能力的祖父母、外祖父母，对于父母已经死亡或父母无力抚养的未成年的孙子女、外孙子女，有抚养的义务。"这可以视为父母无力抚养的一种情况吗？这就需要界定，但我们的司法解释和其他的一些部门规定都没有予以界定，这里留下了立法空白，给法官的司法裁量权留下用武之地。但是由于法律没有界定清楚，可能导致一个案子两种不同的截然结果：假如刘小母亲的改嫁不视为无力抚养，那刘小的母亲是法定的第一抚养人，其把刘小给外祖父母照顾也无可厚非；假如刘小母亲的改嫁视为无力抚养，那刘小的母亲就丧失了法定的第一抚养人权利，按照《收养法》第 18 条的规定刘小的祖父母对他有抚养权。

依法官的上诉判决，在笔者看来也是在法理和情理间做了调和。中国一向有"续香火"的民间习俗，刘小可以说是祖父母唯一的孙子，而外祖父母那边可能就不会是这样的。

该案中刘小的母亲将其送给被告夫妇养，结果导致她丧失了抚养权。这可能是刘小母亲无法预料的，她只是想放到爸妈这边养，随时都可以看望，并且照顾，做到男朋友和儿子两不误，但这场官司却让他失去了对儿子合法的照顾权。所以提醒天下的父母亲在面对孩子的抚养问题时要慎重地做出决定。

法律依据

《民法通则》第16条："未成人的父母已经死亡或者没有监护能力的，由下列人员中有监护能力的人担任监护人：

（一）祖父母、外祖父母；

（二）兄、姐；

（三）关系密切的其他亲属、朋友愿意承担监护责任、经未成年人的父母的所在单位或者未成年人住所地的居民委员会、村民委员会同意的。"

《收养法》第18条："配偶一方死亡，另一方送养未成年子女的，死亡一方的父母有优先抚养的权利。"

《婚姻法》第28条："有负担能力的祖父母、外祖父母，对于父母已经死亡或父母无力抚养的未成年的孙子女、外孙子女，有抚养的义务。"

8　儿子将父亲告上法庭，索要抚育费合法吗？

典型事例

张刚就读于崇明县东门中学初三。1997年8月4日，经法院判决，张刚父亲张云与母亲夏某离婚，张刚随其母共同生活，张云每月给付抚养费100元。1999年8月，张刚母亲夏某被确诊为重症精神残疾人、无业。张刚由外祖父母抚养长大。2005年，张刚读初中预备班后，张云每月给付张刚的抚养费增加至150元并履行至2008年12月。

现随着物价上涨及上学费用的增加，张云原每月给付的150元抚养费已不能满足张刚日常生活所需，故张刚诉至法院，请求依法判令：张云自 2008 年 12 月起每月给付张刚生活费 800 元，并全额承担张刚日后的教育费、医疗费；张云补付张刚 2006 年 1 月至 2008 年 11 月间的每月 800 元生活费，共计 18 400 元；张云承担张刚 1997 年至 2008 年 11 月间的教育费、医疗费 18 517 元，购自行车费 400 元，共计 18 917 元。

张云则辩称，张云患有肺结核等多种疾病，且在家庭式小工场工作，收入不高。2005 年，其给付张刚的抚养费已增加至 150 元，并已履行至 2008 年 12 月，故不同意张刚诉请。

另查明，张刚外祖父夏某某每月享有退休金 1 265 元，外祖母每月享有小城镇社保金 607 元。张云已再婚，又生育一子，在其岳母开办的电脑绣花工场工作。

经法院审理，依照《婚姻法》第 37 条之规定，判决如下：张云自 2008 年 11 月起每月给付张刚生活费人民币 400 元至 18 周岁止，并凭票据（除报销外）全部承担张刚的教育费、医疗费。张刚的其他诉请，不予支持。

法律分析

1. 张云是否需要支付张刚每月 800 元的费用至张刚 18 岁？

本案中，1997 年 8 月 4 日，经法院判决，张刚父亲（即张云）与母亲夏某离婚，张刚随其母共同生活，张云每月给付抚养费 100 元。此时，我们依据（1997）崇民初字第 38 号民事判决书 1 份可以知道，张云与夏某离婚，法院已经对各自应支付的抚养费进行了判决。

张云按照法院判决的每月 100 元抚养费进行支付直到 2005 年，也就是张刚读初中预备班后，张云每月给付张刚的抚养费增加至 150 元并履行至 2008 年 12 月。此时我们可以视为张云与张刚的外祖父母之间达成了协议（1999 年 8 月，张刚母亲夏某被确诊为重症精神残疾人、无业），即双方之间认同了张云每月支付张刚150元抚养费。

此时张刚以物价上涨的理由要求张云支付其每月800元的抚养费，根据《婚姻法》第37条的规定，离婚后，一方抚养的子女，另一方应负担必要的生活费和教育费的一部或全部，负担费用的多少和期限的长短，由双方协议；协议不成时，由人民法院判决。关于子女生活费和教育费的协议或判决，不妨碍子女在必要时向父母任何一方提出超出协议或判决原定数额的合理要求。可知，《婚姻法》认为在某些情况下父母应超出协议的规定支付合理的抚养费。但注意，当我们考查父母应超出协议的规定支付抚养费时，还涉及超出多少的问题。超出多少显然与支付抚养费用双方的经济条件有关。

考查双方的经济情况，我们知道张刚母亲夏某自1999年起被确诊为重度精神残疾人，根本无能力抚养张刚。张刚的外祖父母在这十年间承担着双重的抚养照顾义务，现张刚的外祖父母年事已高且收入不多，张云理应对张刚尽更多地一份责任和爱心。但同时考虑到张云患有肺结核等多种疾病，且在家庭式小工场工作，收入不高。每月支付800元的抚养费对其未免过于苛责，法院判处张云自2008年11月起每月给付张刚生活费人民币400元至18周岁止，并凭票据（除报销外）全部承担张刚的教育费、医疗费，笔者认为是适当的。

2. 对张刚提出的补付其2006年1月至2008年11月间的每月800生活费，法院是否应当予以支持？

之前已经提到，张云按照法院判决的每月100元抚养费进行支付直到2005年，也就是张刚读初中预备班后，张云每月给付张刚的抚养费增加至150元并履行至2008年12月。此时我们可以视为张云与张刚的外祖父母之间达成了协议（1999年8月，张刚母亲夏某被确诊为重症精神残疾人、无业），即双方之间认同了张云每月支付张刚 150 元抚养费。

此时，张刚提出需要张云补齐 2008 年 12 月之前每月 800 的抚养费，显然是对双方自愿签订协议的反悔。协议是在自愿、不显失公平情况下签订的，我们就认为张刚与张云就抚养费达成了一致，此时张刚提出的请求，法院不应当予以支持。我们也看到，本案法官作出的判决是非常正确的。

法 津依据

《婚姻法》第 37 条："离婚后，一方抚养的子女，另一方应负担必要的生活费和教育费的一部或全部，负担费用的多少和期限的长短，由双方协议；协议不成时，由人民法院判决。

关于子女生活费和教育费的协议或判决，不妨碍子女在必要时向父母任何一方提出超出协议或判决原定数额的合理要求。"

9　遭遇家庭暴力，如何维护自己的权利？

典型事例

郭某 2011 年 8 月经他人介绍与独生子唐某相识，认识时唐某对郭某体贴入微、百般呵护，经常带郭某出去跟朋友吃饭、旅游。两人经过几个月的相识，于 2012 年 3 月份结婚，依法进行了结婚登记，并生育一对双胞胎。郭某怀孩子期间，唐某经常和婚外异性来往，有孩子后唐某也经常不回家，双方经常争吵。之后，唐某开始吸毒，郭某发现后，多次耐心劝阻，但唐某不但不听，还经常向郭某要钱，不给钱就打郭某。2012 年 10 月 8 日，在双方家长的主持下，唐某向郭某写下保证书，保证戒毒，并好好工作，不在外面花天酒地，不再打郭某。此后两个月的时间里，唐某对郭某的言行有所收敛，表面上还算过得去。2013年1月份，唐某参加朋友聚会，并再次吸毒，回家后冲进房间将郭某从床上拖起，并施以拳脚，致郭某身上出现多处青紫，郭某随后报警。公安机关考虑到唐某吸毒，将唐某送到戒毒所强制戒毒。唐某从戒毒所出来后，2013年5月25日，郭某离开娘家正欲骑车上班，中途遭唐某拦截殴打，致全身上下多处受伤，从头面部到下肢，青紫面积分布较广。唐某的殴打行为经报警才得以制止。2013年7月10日，郭某在无法忍受的情况下，诉至法院，以唐某对其实施家庭暴力，并存在吸毒的情况为由要求与唐某离婚，并赔偿其损失2万元。诉讼中，唐某拒不承认对郭某实施了家庭暴力。

法律分析

《婚姻法》第32条第3款第2项规定，实施家庭暴力的，如调解无效则应判决准予离婚。《婚姻法司法解释（一）》第1条规定，（《婚姻法》第32条所称）家庭暴力是指行为人以殴打、捆绑、残害、强行限制人身自由或者其他手段，给家庭成员的身体、精神等方面造成一定伤害后果的行为。要理解这个定义，就涉及对家庭成员和暴力表现形式的理解。

所谓的家庭成员，从词义上看应是指共同生活在同一个家庭中的成员。典型情况下，夫妻及子女共同生活组成一个家庭，此时夫、妻、子女均是家庭成员。但是，夫妻子女及夫或妻之父母同住组成一个家庭也是一种重要的家庭类型。在广大农村地区，夫妻子女及夫或妻之父母兄弟姐妹同住组成一个大家庭的情况也是很多的。比如在本案中就是夫妻子女及夫之父母同住的情形，这其实也是我国最传统的家庭组成形式。无论是哪一种类型的家庭，同住的近（姻）亲属，都是家庭成员，相互之间发生的暴力行为都应属于家庭暴力范畴。事实上，将夫妻之间实施的暴力定性为家庭暴力，人们是不会有争议的。但人们往往认为家庭暴力仅仅是指夫妻之间实施的暴力行为，如果这是立法本意，则在《婚姻法》中，就应当用"夫妻之间实施暴力"来代替"实施家庭暴力"，用语同样简洁，而意思更加清楚明白且无歧义。以《刑法》关于虐待罪、遗弃罪的主体及对象范围的认识来讲，对家庭成员的理解也不能认为是仅指夫妻，这一点对我们理解《婚姻法司法解释（一）》第1条中的家庭成员的范围是有参照意义的。夫妻当然是家庭成员，近亲属和近姻亲（不包括夫妻双方）也可能是家庭成员，但近亲属之间和近姻亲之间发生的家庭暴力对夫妻感情的影响是不同的。应当承认父母对子女有教育的权利及在家庭事务上有管理的权利，在家庭内部近亲属之间因家庭琐事发生一定范围内的暴力行为是现实存在的，有时还是过度的暴力行为，甚至构成违法犯罪，但由于一般不是直接针对夫妻另一方的，因而对夫妻感情的影响一般不会导致双方闹离婚。但是在近姻亲之间实施的暴力，其行为对象是直接针对夫妻另一方或夫妻另一方的近亲属，会直接伤害夫妻另一方的感情，导致夫妻矛盾，直至夫妻感情破裂。

因此，在离婚诉讼中，相比较而言，更应考虑的是在夫妻之间和近姻亲之间的家庭暴力情况。夫妻之间实施的暴力行为要适当考虑暴力的程度问题，以防夫妻矛盾扩大化导致轻率离婚。至于近姻亲之间的暴力行为，除了要考虑暴力的程度问题外，还应考虑夫妻双方的态度情况来确定是否因此而导致夫妻感情确已破裂。假如在本案中，虽然被告父母殴打过原告，除了殴打情节外，我们还应考虑被告在殴打事件中是站在哪一边的，如是站在原告一边的，则虽有殴打情况，也不好认定仅因殴打就导致夫妻感情确已破裂，当然如被告是站在其父母一边的，则其父母的殴打行为与其亲自实施的殴打行为并无本质的不同，综合其他情形可以认定夫妻感情确已破裂。

另一方面，我们通常情况下指的暴力行为，应是一种直接或借助他物的实际身体接触打击造成身体伤害的行为，《婚姻法司法解释（一）》第1条所列举的几种情形基本上都是这样的。但是《婚姻法司法解释（一）》第1条还规定："家庭暴力是指行为人以……其他手段，给家庭成员的……精神方面造成一定后果的行为"。可见，在认定家庭暴力时，不能局限于身体上的实际接触和伤害行为。还要看到，不是每一次暴力行为都会发生身体接触的，也不是每一次的暴力行为都会造成身体的伤害的，如果仅仅是没有发生身体接触和造成身体伤害，就不认为是暴力的话，就会放纵行为人肆意妄为，而很多的受害人就不能得到救济，法律就无法实现正义。比如抢劫，我们认为是一种严重的暴力犯罪行为，但不是每一次抢劫都要发生直接的身体接触才会既遂，有时只要罪犯口头上加以威胁就能实现犯罪目的。因此，除了直接的身体接触实施的暴力外，还有一种暴力形式，它是无形的，就是行为人以暴力相威胁，使受害人精神上受到严重的强制，产生恐惧感，不敢反抗，这种无形的暴力完全可以造成和实际实施暴力行为同样的危害效果。《刑法》上的预备犯应负刑事责任的规定，也表明了无形暴力的社会危害性。因而，以暴力相威胁的无形暴力也应是家庭暴力的表现形式之一。当然，在认定以暴力相威胁的无形暴力是否存在时，要看该以暴力相威胁行为是否具有现实危险性，即行为人是否扬言或以行为表明受害人如不服从行为人的威胁，行为人就会真正地实施暴力，而在当时行为人确实有条件实施暴力行为。如果行为人仅以言语相威胁，既无条件实施，也未采取进一步的行为帮助、准备实施的，则不宜认定构成家庭暴力，否则不符合我国农村的现实情况，易导致轻率离婚。

我们应该坚决抵制家暴，在这里特别提醒遭受家庭暴力的受害方应当积极收集以下证据，这些证据也是经常被法院所认可的。

1. 报警记录。这个报警行为可以是受害人自己做出的，也可以是听到或是见到家庭暴力的邻居做出的。派出所接到报警电话后一般会在第一时间赶到现场。如果暴力正在进行，他们会出手阻止暴力；如果已结束，也会详细做好记录。这份记录会成为反映家庭暴力存在的最好证据，由于它们是公权力机关做出的，证据效力较高。如果施暴时，受害者无法报警，可以在施暴结束后的最短时间内，拨打110或是自己到派出所去报警，制作相关的记录。

2. 验伤报告。家庭暴力一般要求造成轻微伤以上结果，但是自己到医院验伤没有专门司法鉴定机关出具的验伤报告效力高。但也可以将自己受伤的相关书面（如：病历本、检查报告等）材料证据一并保存。

3. 证人证言。居住在附近的邻居，一般对暴力的情况都会有几分知情。可以请知情又愿意作证的邻居到法庭上作证。如果有寻求居委会等调解组织的帮助的，该调解组织的人员也可以为家庭暴力的存在出庭作证。

4. 认错书。家庭暴力一般会经历蜜月期、爆发期、紧张期的循环。施暴者施暴后，在蜜月期通常会有一个悔过的表现。这时，可能会写下认错书或是悔过书，保证从此再不动手，来乞求受害方的原谅。但是，只要打开了手，绝对不会就此罢休，家庭暴力会成为这个家庭的家常便饭。因此，施暴方写的认错书会成为证明家庭暴力存在的证据，受害方一定要妥善保管。

10 女方婚前与他人发生性行为怀孕，丈夫能否提出离婚？

典型事例

2010年3月2日赵强与郭红经人介绍认识后，于同年8月8日在北京某区民政部门登记结婚。二者均系初婚，婚后双方感情尚可，但常因日常生活琐事发生争吵，甚至偶尔打闹。2010年12月份，郭红怀孕。此时，赵强发现，郭红所怀的孩子是其婚前与其他男子发生性行为所致。2011年2月份赵强、郭红开始分居。2011年5月9日赵强以双方感情破裂为由向人民法院提起诉讼，要求与郭红离婚。法院认为婚后不久，双方能和睦相处，怀孕后，赵强发现孩子非自己亲生，双方开始产生分歧。怀孕五个月，赵强要求郭红做人流，导致夫妻感情破裂。

法律分析

对于是否应该受理刘某的离婚诉讼请求，法院存在两种意见。

第一种意见认为：《婚姻法》第34条规定，女方在怀孕期间，分娩后一年内或中止妊娠后六个月内，男方不得提出离婚。在本案中，郭红尚在怀孕期间，赵强的离婚请求不应当受理。

第二种意见认为：郭红婚前与他人发生性行为导致怀孕并向刘某隐瞒了上述事实，违背了夫妻间相互忠实的义务。赵强起诉离婚，应当予以受理。至于是否准予离婚，取决于两人夫妻感情是否确已破裂。夫妻感情如确已破裂，经调解无效，应当准予离婚。

《婚姻法》第34条规定：女方在怀孕期间，分娩后一年内或中止妊娠后六个月内，男方不得提出离婚，女方提出离婚的，或人民法院认为确有必要受理男方离婚请求的，不在此限。对妇女、儿童进行特殊保护是婚姻法的要求，在妇女怀孕期间或者分娩后一年以及中止妊娠后六个月内，她的身体和精神上均有一定的负担，需要照顾和抚慰胎儿，婴儿也需要妥为照料，这时母亲的精神和健康状况都会影响胎儿、婴儿的健康。如果允许男方在此期间提出离婚，很可能给女方造成强烈的刺激，以至影响孕、产妇的健康，不利于胎、婴儿的发育和成长。因此，法律对该期间内男方的起诉权作了限制。但法律对男方特定期间内起诉权的限制并不是绝对的，如果由于某些特殊原因，人民法院认为确有必要受理男方离婚请求的，不受此限制，主要包括以下几种：一是女方怀孕系婚后与他人通奸所致；二是女方中止妊娠后，身体健康已恢复；三是男方受虐待，不堪忍受的；四是双方确有不能继续共同生活的重大紧迫事项，如一方对他方有危及生命、人身安全等情形的。因此，如果女方婚后与他人通奸怀孕，男方提出离婚，人民法院应该受理。因为女方在婚姻关系存续期间，与他人通奸怀孕，违背了夫妻应当相互忠实的义务，是对夫妻感情的极大破坏，在此情况下，继续限制男方的离婚起诉权，对男方显然是不公平的。

具体到本案中，郭红不是在婚后，而是在婚前与他人发生性关系导致怀孕。对此，最高人民法院《关于女方因通奸怀孕男方能否提出离婚的批复》中指出，男女一方婚前与他人发生性行为，应该与婚后通奸行为加以区别，一般不能作为对方提出离婚的理由。因为在这种情况下，婚姻关系尚未建立，男女双方之间还没有产生夫妻间相互忠实的法律义务。婚前性行为只是道德问题，不是法律问题。所以，女方因婚前与他人发生性关系导致怀孕的情况，不应作为男方提出离婚的理由，应根据《婚姻法》第34条的规定处理。

综上，笔者同意第一种意见。

11 夫妻间共同债务如何解决？

典型事例

甲女士与丈夫乙先生因感情问题在法院诉讼离婚的时候接到一纸诉状。原来，乙先生的朋友丙某因乙先生借款 15 万元未还，将夫妇俩一起告到法院。

丙某称，2004 年 4 月，乙先生向自己借款 10 万元，两年后又借了 5 万元。直至去年 9 月，乙某才向丙某就之前的借款补充出具借条一张，但至今未归还借款。丙某说，借款发生于乙先生夫妻关系存续期间，属于夫妻共同债务。于是，他将乙先生及甲女士告上法庭，请求判令共同偿还 15 万元。

乙先生表示，借款是用于家庭共同生活开支，应由夫妻共同偿还。对此，甲女士大呼冤枉。她说，乙先生从 2004 年 3 月起就在外居住，这 15 万元借款自己毫不知情，也未用于共同生活开支。法院认为，虽然本案诉争的借款形成于乙先生、甲女士夫妻关系存续期间，但借条上只有乙先生一人的签名，乙先生不能证明妻子知道借款，也不能证明该笔借款用于双方共同生活的开支。因此，法院判决这 15 万元的借款由乙先生个人偿还。

法律分析

夫妻共同债务是指为满足夫妻共同生活需要所负的债务。夫妻共同债务主要是基于夫妻的共同生活需要，以及对共同财产的管理、使用、收益和处分而产生的债务。

在承担责任的方式上，夫妻"共同偿还"的责任是连带的清偿责任，不论双方是否已经离婚，均得对共同债务以夫妻共同财产、自己所有的财产清偿。债权人有权向夫妻一方或双方要求清偿债务的部分或全部，它不分夫妻应承担的份额，也不分先后顺序，夫妻任何一方应根据债权人的要求全部或部分承担债务，一方财产不足以清偿时，另一方负有清偿责任。

夫妻共同债务包括以下几个方面：①婚前一方借款购置的财产已转化为夫妻共同财产，为购置这些财产所负的债务；②夫妻为家庭共同生活所负的债务；③夫妻共同从事生产、经营活动所负的债务，或者一方从事生产经营活动，经营收入用于家庭生活或配偶分享所负的债务；④夫妻一方或者双方治病以及为负有法定义务的人治病所负的债务；⑤因抚养子女所负的债务；⑥因赡养负有赡养义务的老人所负的债务；⑦为支付夫妻一方或双方的教育、培训费用所负的债务；⑧为支付正当必要的社会交往费用所负的债务；⑨夫妻协议约定为共同债务的债务；⑩其他应当认定为夫妻共同债务的债务。

离婚已经是非常普遍的社会问题，但是由于离婚会带来种种法律关系的产生与变更，有些问题确实令人感到头痛，这不仅仅与婚姻的双方当事人有关，还和与当事人有关系的各类人群有关。本案中甲乙双方由于感情问题出现离婚危机，对双方的财产问题、债权债务问题也需要一并解决清楚。对于丙某的债务问题，非常明确，也很明显该钱是经乙先生的手花费了。但是对于甲女士来说自己不知道借款的事情，钱没有经过自己的手，将来却要莫名的承担巨大的债务，明显是不公平的。对于债权人丙某来说，自己的债权是在甲乙婚姻期间取得的，认为应当由该夫妻二人连带承担是没有问题的，并且由两个人承担该笔债务比一个人的偿还能力更强，因此心里应当是更踏实的。但是最终却是因为丙先生对自己的诉讼主张——乙先生借钱是用于其夫妻二人的生活需要，没有提供相应的证据，因此就缺少一个"连带的债务人"，使其债权产生了一定的风险。

法律面前人人平等，法律是公正、公平的，它需要同时保障每个人的合法权益，但是这些权益有时从表象或者情理上来讲是冲突的。在这时就需要当事人对自己的合法权益进行"预先、事后"的审查，以法律的标准进行衡量，发现问题及时进行补救，以免使权益受损。

法 律依据

最高人民法院《关于民事诉讼证据的若干规定》第 1 条："原告向人民法院起诉或者被告提出反诉，应当附有符合起诉条件的相应的证据材料。"

第 2 条："当事人对自己提出的诉讼请求所依据的事实或者反驳对方诉讼请求所依据的事实有责任提供证据加以证明。

没有证据或者证据不足以证明当事人的事实主张的，由负有举证责任的当事人承担不利后果。"

《婚姻法》第 41 条："离婚时，原为夫妻共同生活所负的债务，应当共同偿还。共同财产不足清偿的，或财产归各自所有的，由双方协议清偿；协议不成时，由人民法院判决。"

最高人民法院《关于人民法院审理离婚案件处理财产分割问题的若干具体意见》第 17 条："夫妻为共同生活或为履行抚养、赡养义务等所负债务，应认定为夫妻共同债务，离婚时应当以夫妻共同财产清偿。

下列债务不能认定为夫妻共同债务，应由一方以个人财产清偿：

（1）夫妻双方约定由个人负担的债务，但以逃避债务为目的的除外。

（2）一方未经对方同意，擅自资助与其没有抚养义务的亲朋所负的债务。

（3）一方未经对方同意，独自筹资从事经营活动，其收入确未用于共同生活所负的债务。

（4）其他应由个人承担的债务。"

12 婚姻法中的"无过错方"如何界定？

典型事例

席某与石某于 2004 年 3 月结婚，婚后感情一般，双方无共同语言。后因被告石某怀疑席某有不正当男女关系，双方发生争吵，席某于 2006 年 2 月向法院起诉要求离婚，法院未予支持。而后席某于 2006 年 3 月独自外出打工，在浙江打工期间与他人同居并怀孕。在当地计生所通知后，石某于 2006 年 11 月 21 日将席某接回，并把席某关在家中，对席某不时打骂，不准席某与家人联系，席某被逼无奈于 2006 年 12 月 1 日从楼上窗户跳下逃走，摔伤后经人送往医院治疗，诊断出 L1 椎体压缩性骨折等多处骨折。石某在诉讼中要求席某就与他人同居并怀孕的事实支付损害赔偿金 5 万元。

对本案有三种处理意见：

第一种意见认为：根据《婚姻法》第 46 条之规定，席某是属于"有配偶者与他人同居"的范畴，所以应当支持被告的诉讼请求。

第二种意见认为：石某把席某接回后关在家中，实施家庭暴力，并造成了席某多处骨折的恶劣后果，并不属于《婚姻法》第 46 条规定的"无过错方"，所以无权提出该项请求。

第三种意见认为：应根据双方过错程度，酌情考虑原告的诉讼请求。

法津分析

笔者同意第三种意见。

其实本案涉及《婚姻法》第46条中的无过错方应为严格意义上的还是相对意义上的，如果是相对意义上的无过错，是否可以适用过失相抵的问题。笔者认为这里的"无过错方"应该是相对意义上的无过错方。

我国《婚姻法》中第46条规定的请求权主体是导致离婚的"无过错方"，可见，请求权行使的前提是主体没有过错。例如，丈夫（妻子）经商后在外包养情妇（夫）而导致离婚的，妻子（丈夫）有权提出离婚损害赔偿请求。根据《婚姻法》第46条的规定，有权请求损害赔偿的是"无过错方"，其意味着《婚姻法》中的损害赔偿是过错责任原则，即行为人必须有过错，也就是行为人主观上是出于故意或过失。若缺乏该要件，便使赔偿之责的承担失去了根基。在适用过错责任原则时，以过错为归责的最终要件，这就意味着行为人的过错应作为最后的因素和基本的因素来加以考虑，以行为人的过错程度作为确定责任范围、责任形式的依据。

我们知道，婚姻家庭关系是十分复杂的，属于民法的范畴，但是婚姻家庭法在突出自愿、平等这一民事法律的基本特征时，其与普通民事法律相比较还带有强烈的伦理道德性，带有浓厚的感情色彩。在这样一种复杂的法律关系中要论是非，要论对错，难度相对来说较大。导致离婚的原因一般不是单一的和短暂的行为，比如丈夫偶尔打骂妻子的行为，丈夫偶尔有越轨的行为以后及时改正等等，一般都不会最终导致离婚。而且，在实践中，经常会遇到这样的情况，就是夫妻双方在离婚问题上都存在一定的过错，完全单方的过错导致的离婚的情形并非离婚原因的常态。就下述案件说明：甲（男）、乙（女）双方婚后，因乙脾气暴躁，经常数落甲没有本事，不能赚大钱养家，双方经常为此事争吵，甲性格内向，不堪忍受，对家庭失去信心，离家出走，在外地打工，打工过程中与情投意合之丙（女）公开同居生活，最终导致甲、乙婚姻关系破裂。上述案例中，乙方于诉讼离婚过程中提出因甲方喜新厌旧，其过错导致离婚，要求甲赔偿精神损失。甲则认为，自己之所以有外遇，完全是由于乙的平常行为所迫，乙在离婚问题上也存在过错，不应该属于"无过错方"，所以乙没有资格提出离婚损害赔偿之请求。

离婚损害赔偿应适用"过错相抵"原则。按照《婚姻法》46条的规定，离婚损害赔偿的请求权在"无过错方"，有过错者是无权提出请求和获得赔偿的。但事实上，导致离婚的原因是多方面的，很多离婚双方当事人都有过错，只是过错程度不同而已。如果仅仅允许"无过错方"请求损害赔偿，这将使得离婚案件中过错较小的"弱势一方"失去损害赔偿请求权，甚至被重婚者、同居者、实施家庭暴力者以此作为抗辩，使受害者赔偿请求落空，这不但有失公允，也会使《婚姻法》规定的离婚损害赔偿制度的作用得不到充分发挥，这也与离婚损害赔偿的立法初衷相悖。

因此，笔者认为，离婚损害赔偿的提出不应强调无过错，而应适用"过错相抵"原则，只要一方存在《婚姻法》第46条所规定的情形，另一方不论有无过错及过错大小，都有权提出赔偿请求，同样，也应允许另一方提出相应的抗辩，由法官在审判中查清损害的事实，区分过错的有无和大小，在过错相抵之后，由过错大的一方赔偿过错较小的一方，如果双方过错相等，则可以不予赔偿。这样，才能体现法律的公平和正义，离婚损害赔偿制度的立法意图也才能得到充分体现。基于本案来说，法官应该根据双方过错程度的大小，酌情考虑被告的诉讼请求。

13 | 离婚女婿隐瞒婚前财产，女方父母可以要求分割吗？

典型事例

肖某于1988年高考落榜后即外出打工。1991年底他用自己打工赚来的钱在吉水县城购买了一套商品房，价值6万元。之后，肖某认识了唐某的女儿唐丽，双方很快确立了恋爱关系，并于1992年2月在其打工的附近租了一套房间开始以夫妻名义公开同居。1993年1月唐丽生下一男孩。1995年5月1日双方办理了结婚登记手续。2000年12月，唐丽因发现肖某有外遇，即与肖某到民政部门协议离婚，并就夫妻共同财产分割、小孩抚养等问题达成了协议。2002年11月，唐丽发现肖某离婚时隐瞒了婚前在吉水县城所购的商品房一套，故诉至法院请求再次分割夫妻共同财产。在法院未开庭审理此案之前，唐丽因车祸于2003年2月死亡，故法院裁定中止诉讼。2005年1月，唐某夫妇诉至法院要求继承唐丽生前未予分割的商品房份额。

此案中，一审法院就肖某与唐丽离婚时隐瞒的其婚前所购商品房应否作为夫妻共同财产再次分割，唐某夫妇对此财产是否有继承权，有三种不同观点：

一是认为肖某所购商品房依法应属其婚前个人财产，因而唐丽之父母对此商品房没有继承权。其理由是，我国现行《婚姻法》第18条已规定，"一方的婚前财产为夫妻一方的财产"；《婚姻法司法解释（一）》第19条规定：《婚姻法》第18条规定为夫妻一方的所有的财产，不因婚姻关系的延续而转化为夫妻共同财产。但当事人另有约定的除外。故肖某婚前所购商品房不因其婚姻关系的延续而转化为夫妻共同财产。

二是认为肖某与唐丽登记结婚未满8年，其婚前所购商品房应属其个人财产，唐丽无权分享，其父母唐某夫妇的继承权更无从谈起。其理由是，根据最高人民法院《关于人民法院审理离婚案件处理财产分割问题的若干具体意见》（简称《离婚处理财产意见》）的有关规定，双方婚姻关系存续期间已满 8 年，对夫妻一方的婚前房产可以视为夫妻共同财产；如不满 8 年，则不能对其婚前房产视为夫妻共同财产。唐丽与肖某自 1995 年 5 月 1 日登记结婚始至双方于 2000 年 12 月协议离婚时止未满 8 年的夫妻关系，故肖某婚前所购商品房不应视为夫妻共同财产，唐某夫妇因此也不享有继承权。

三是认为肖某与唐丽虽然自登记结婚始至双方协议离婚时止夫妻关系存续期间未满 8 年，但双方自 1992 年 2 月始就以夫妻名义公开租房同居生活，且同居时双方均符合结婚的法定条件，至双方登记结婚时止，已有 3 年多的同居生活时间，这段时间可认定双方为实事婚姻关系，再加上双方自 1995 年 5 月 1 日登记结婚至 2000 年 12 月协议离婚时止，已有 5 年多的夫妻关系，这样，双方夫妻关系存续期间连续计算就有 8 年多的时间。故肖某婚前购买的商品房经过 8 年后可视为夫妻共同财产，分割后，唐某夫妇对其女儿唐丽的遗产份额有合法继承权。

法津分析

笔者同意第三种观点，认为肖某与唐丽登记结婚前形成的事实婚姻关系期间与其结婚登记后的婚姻关系期间应当连续计算为 8 年余，故肖某婚前所购买的商品房应视为其夫妻共同财产，应分割一半为唐丽的遗产份额，唐某夫妇对此份额有继承权。其理由如下：

本案处理的关键是，如何确定肖某婚前所购商品房的财产性质问题，即属肖某婚前个人财产还是应视为肖某与唐丽生前的夫妻共同财产。但首要问题还是如何认定肖某与唐丽登记结婚前同居生活期间的法律性质问题，即双方的同居关系能否认定为事实婚姻关系。

首先，从法律适用问题分析。我国《婚姻法》和1986年3月15日民政部发布的《婚姻登记办法》均已实施多年，法律、法规对未办理结婚登记而以夫妻名义同居生活的持否定态度。但为了保护妇女和儿童的合法权益，有利于稳定婚姻家庭关系，考虑到这类"婚姻"关系形成的原因和情况比较复杂，故最高人民法院作出的相关司法解释，即《关于人民法院审理未办结婚登记而以夫妻名义同居生活案件的若干意见》第2条和《婚姻法司法解释（一）》第5条第1项之规定，是在一定时期内有条件地承认事实婚姻关系，即在1994年2月1日民政部《婚姻登记管理条例》公布实施之前，对于符合结婚条件的男女在登记结婚之前以夫妻名义公开同居生活，群众也认为是夫妻关系的，可认定为事实婚姻关系。对在民政部《婚姻登记管理条例》公布实施之后，男女双方符合结婚实质要件的，人民法院应当告知其在案件受理前补办结婚登记；未补办结婚登记的，按解除同居关系处理。本案中，肖某与唐丽未办理结婚登记手续而于1992年2月以夫妻名义公开同居生活期间发生在1994年2月1日民政部《婚姻登记管理条例》公布实施之前，按照以上司法解释，他俩的同居关系应认定为事实婚姻关系。这体现了我国法律时间效力上的一致性。再加上双方于1995年5月1日登记结婚到2000年12月协议离婚时止的时间，已有近9年的"结婚"时间。根据《关于人民法院审理离婚案件处理财产分割问题的若干具体意见》第6条的规定，肖某婚前个人所有的房屋，婚后由双方共同使用、经营、管理的，房屋和其它价值较大的生产资料，贵重的生活资料经过4年，可视为夫妻共同财产。不过在此须要指出的是，因为双方长期在外租房居住和打工，特殊情况造成双方客观上没有对肖某婚前所购商品房进行使用、经营和管理，但这与唐丽放弃对此房使用、经营和管理等"三权"是两码事。更何况肖某有意隐瞒了这一实情，唐丽离婚前根本就不知情，她岂能行使这"三权"？不知者不为过也。

其次，从社会效果考虑。本案所涉及的关键问题是，肖某与唐丽之间先形成了事实婚姻，后又办理结婚登记而缔结了合法婚姻关系，如果登记结婚前双方符合结婚实质要件的同居期间不计入其婚姻关系存续期间，势必会造成当事人响应国家号召按照法律法规办理结婚登记的反而可能会使自己陷入某种不利。这显然与我国依法治国的法治原则是背道而驰的。其实，按照前述司法解释的规定，对于符合结婚实质要件一直没有办理结婚登记的当事人，向法院提起"离婚"诉讼，法院对办理了结婚登记手续和没有去补办结婚登记手续的案件处理是截然不同的，对在受诉前已告诉当事人补办结婚登记手续而未予补办的"离婚"案件，法院只能按解除同居关系处理。反之，其婚姻关系的效力可追溯到当事人符合结婚实质要件而以夫妻名义同居生活时起算。本案肖某与唐丽主动于1995年5月1日补办了结婚登记手续，其婚姻关系的效力自然可追溯到他们于1992年2月符合结婚实质要件而公开同居时起。最高人民法院作出上述司法解释，更有利于鼓励婚姻缔结当事人遵纪守法，体现了法律效果与社会效果的有机统一。因此，上述司法解释规定将此类事实婚姻与登记婚姻合并计算其婚姻关系存续期间，是符合我国立法本意的。

最后，现行《婚姻法》和《婚姻法司法解释（一）》相关规定与本案适用的法律冲突问题。就本案而言，肖某婚前所购商品房，如果适用现行《婚姻法》第18条和《婚姻法司法解释（一）》第19条之规定，无疑是属肖某个人所有的财产。但客观上，唐丽与肖某于2000年12月到民政部门协议离婚时，肖某婚前所购商品房已经过了 8 年，根据她们离婚时适用的《离婚处理财产意见》第 6 条规定，就应视为转化型的夫妻共同财产。她们协议离婚时没有分割此商品房，完全是因为肖某有意对唐丽隐瞒所造成。如果我们生搬硬套现行《婚姻法》和《婚姻法司法解释（一）》的相关规定，那对死去的唐丽太不公平了，也不利于保护"弱者"的合法权益。再者，他们 2000 年 12 月协议离婚时，现行《婚姻法》和《婚姻法司法解释（一）》还未修改和公布施行。如果用之后的法律规定和司法解释来改变他们离婚时就可依法认定的"转化型夫妻共同财产"，未免有失法律的严肃性，对唐丽也显失公平。甚至使老百姓对我国法律效力的连续性产生怀疑，认为"前后不一致"。因此，笔者认为，对肖某婚前所购商品房财产性质问题的确认，还是适用唐丽与肖某协议离婚时的相关法律规定和司法解释更好，更客观，更切合实际。

综上，肖某婚前所购商品房应视为夫妻共同财产，其中一半归肖某所有，另一半为唐丽遗产，由其父母唐某夫妇和其儿子共同继承。

14 什么情况下可以要求离婚精神抚慰金？

典型事例

陆某与薛某于 1990 年登记结婚。近几年，薛某为家庭生计出外打工，在打工过程中认识了张女，与其发生了关系，并致张女怀孕。陆某在了解张女怀孕一事后，虽伤心欲绝，但为了顾全家庭，并仍对薛某回心转意抱有一丝幻想，于是出钱为该女作了引产。然而，薛某不思悔改，继续与该女保持不正当的关系。悲痛欲绝的陆某见无法使丈夫回头，无奈向法院提起了离婚诉讼，并要求薛某对致张女怀孕一事给自己造成的精神损害赔偿 10 000 元。法院审理后认为，陆某与薛某感情确已破裂，但陆某所举证据不足以证明薛某与他人同居，致人怀孕不是法定的离婚时提起损害赔偿的事由。因此，判决准予陆某与薛某离婚，驳回陆某要求薛某支付精神抚慰金的诉讼请求。

法律分析

本案主要涉及无过错配偶一方在何种情形下取得离婚精神损害赔偿请求权的问题。

所谓离婚精神损害赔偿，是指配偶一方违法侵害配偶他方的合法权益，导致婚姻关系破裂，离婚时对无过错配偶所受的精神利益的损害和精神创伤，过错配偶应承担的民事责任。离婚精神损害赔偿民事责任的构成须同时具备法定原因、有损害事实、有因果关系、有主观过错等四个要件。本案中，薛某的过错行为显然对陆某造成了精神上的损害，但致人怀孕是否属法定原因呢？所谓法定原因，我国《婚姻法》规定了如下四类情形：重婚的；有配偶者与他人同居的；实施家庭暴力的；虐待、遗弃家庭成员的。由于致人怀孕并非法定原因，因此，法院驳回陆某离婚精神损害赔偿的诉请是正确的。

由上可知，《婚姻法》中离婚精神损害的构成要件非常严格，法定原因也仅限于婚姻一方故意或过失违反婚姻义务的四类情形，即使存在这四类情形，按民事诉讼法"谁主张，谁举证"的规则，无过错要承担这方面的举证责任，而这通常是比较困难的，甚至还要冒着侵犯他人隐私权的风险，有时即使获得了证据，因证据形式或者渠道违法，也很难被法院认定。因此，无过错方在提出离婚之诉时，一方面要对法律规定有所了解，另一方面要注重对证据的合法收集，只有这样，才能确保权利得到实现。

15 婚内可否提起刑事附带民事诉讼？

典型事例

刘某的妻子脾气很不好，经常与刘某争吵打骂，为此，刘某提出要与妻子离婚。可是，起诉两次都因种种原因被人民法院判决不准。最近，他妻子又嫌他经常不回家住与其厮打时，将他的一只耳朵给咬掉了，经法医鉴定已经构成了重伤。对此，检察机关已经对其妻提起了公诉。期间，刘某不但又提出要求坚决要与其妻离婚，而且还准备提起刑事附带民事诉讼，要求其妻赔偿医疗费、营养费和精神损失等费15 000元，可是，有人讲，在目前刘某与妻子还没拿到离婚证的情况下，是不能提出刑事附带民事诉讼的，因为婚内没有这一说。刘某因为实在与其妻子难以和好，就抱着试试看的心情执意向人民法院递交了刑事附带民事诉讼书。人民法院审理后，在判决其妻缓刑的同时，还判处其妻赔偿刘某医疗费等共计1万元。

法律分析

该案当事人刘某有向其妻子提起附带民事诉讼的权利，理由如下：首先，从我国《婚姻法》第20条的规定看，夫妻关系存续期间生活上不但有相互扶助的义务，而且经济上双方有独立的财产。该法第18条规定："有下列情形之一的，为夫妻一方的财产：（一）一方的婚前财产；（二）一方因身体受到伤害获得的医疗费、残疾人生活补助费等费用；（三）遗嘱或赠与合同中确定只归夫或妻一方的财产；（四）一方专用的生活用品；（五）其他应当归一方的财产。"如果没有第18条规定属于一方的财产，那么，就共同财产部分来说，各方也应依法拥有一半的权利。所以，上述法律规定就为婚内受损害一方提出索赔的附带民事诉讼理由奠定了基础。这是其一。其二，按照《婚姻法》"救助措施与法律责任"的规定，发生婚内暴力侵害的事件时，被侵害的一方对侵害一方有依法控告、提出法律救助或有向人民法院提起诉讼以及请求侵害一方赔偿经济损失的权利。比如，《婚姻法》第43条第3款规定："实施家庭暴力或虐待家庭成员，受害人提起请求的，公安机关应当依照治安管理处罚的法律规定予以行政处罚。"第45条还规定："……对实施家庭暴力或虐待、遗弃家庭成员构成犯罪的，依法追究刑事责任。受害人可以依照刑事诉讼法的有关规定，向人民法院自诉；公安机关应当依法侦查，人民检察院应当依法提起公诉。"另外，再从我国《刑法》和《刑事诉讼法》上来看，婚内伤害不但与社会伤害一样依法应追究侵害方的刑事责任，而且，还应依法追究侵害方的物质赔偿责任。比如《刑法》第260条规定："虐待家庭成员，情节恶劣的，处二年以下有期徒刑、拘役或者管制。犯前款罪致使被害人重伤、死亡的，处二年以上七年以下有期徒刑。"对此，《刑事诉讼法》规定追究被告人刑事责任的程序时，在第77条第1款明确提出："被害人由于被告人的犯罪行为而遭受物质损失的，在刑事诉讼过程中，有权提起附带民事诉讼。"所以，本案中的丈夫刘某向妻子提出附带民事诉讼理所当然。最后，笔者认为，本案中的丈夫刘某之所以有权向侵害方即其妻子提出附带民事诉讼，还在于本案已交代的一个重要理由：丈夫刘某已经提出要与其妻子离婚的事实。那么，对于本案形式上存在、而实际上已不存在的婚姻，没有理由不允许刘某向致使自己重伤的妻子提起刑事附带民事诉讼。

16 夫妻间借款，离婚后是否需要返还？

典型事例

张某与王某约定婚前财产归各自所有。在婚姻关系存续期间，丈夫王某向妻子张某借款人民币 1 万元用于个人开支，并于 2010 年 5 月出具了借条，约定 3 年内归还。2011 年 2 月，张某、王某二人因感情破裂协议离婚，但协议中并未提及该笔借款。离婚后，张某多次持借条向王某索要未果，遂诉至法院，请求王某归还该借款。法院在审理的过程中产生两种意见：

第一种意见认为，张某的诉讼请求应当被驳回。理由是：夫妻关系是一种比较特殊的身份关系，在实际生活中往往出现千差万别的复杂情况，法院在认定时无法做出准确的判断。张、王二人虽约定婚前财产归个人所有，但张某支付给王某的 1 万元无从判断是否为其婚前个人财产，应视为夫妻共同财产，借条自始没有效力，因此应驳回张某的诉讼请求。

第二种意见认为，张某的诉讼请求应予以支持。理由是：本案中，夫妻双方虽然没有事先对夫妻共同财产的归属做出任何约定，但是这种在夫妻关系存续期间所出具的借条本身可以被认定为隐含了夫妻双方对共同财产的处分约定，即借条满足了《婚姻法》第 19 条规定的对处置夫妻关系存续期间的财产归属的约定应当采用书面形式的要求。因此，从形式上来说，对王某在婚姻关系内出具的借条的效力应当认定为有效，张某的诉讼请求应得到支持。

法津分析

本案争议的焦点在于：夫妻双方在婚姻关系存续期间没有明

确约定共同财产归属的情况下，一方向另一方出具了借条，双方的此种行为会产生怎样的法律后果。

借条属于借款合同的一种记载形式，而借款合同是我国《合同法》中明确的有名合同，《合同法》对合同主体的规定是公民、法人及其他组织，也就是说夫妻间婚内订立借款合同并不违背《合同法》中关于形式和主体的规定。

《婚姻法》第 19 条规定："夫妻可以约定婚姻关系存续期间所得的财产以及婚前财产归各自所有、共同所有或部分各自所有、部分共同所有。约定应当采用书面形式。"从借条本身的性质看，借条应当是一方将其所有的款项出借给另一方时由对方出具的凭证，也就是说所借款项应当是属于一方所有的。

本案中，夫妻双方并没有事先对夫妻共同财产的归属做出任何约定，那么，这种在夫妻关系存续期间所出具的借条本身是否可以认定为隐含了夫妻双方对共同财产的处分约定呢？依据借款关系的性质，笔者认为，单纯从出具借条的行为看，可以认定这种隐含的含义的存在，否则就没有出具借条的前提。借条显然也满足了《婚姻法》第 19 条规定的对处置夫妻关系存续期间的财产归属的约定应当采用书面形式的要求。因此，从形式上来说，对王某向张某出具的婚内借条的效力应当认定是有效的，并且应当认定借条本身包含着两种含义：一是明确了借条本身的效力；二是隐含了夫妻双方对共同财产的处分约定。

当然，认定夫妻婚内借条的形式有效并不是没有前提的。这个前提就是借条本身隐含着对夫妻共同财产处分的约定，并且必须是明确的、毫无争议的，如果存在对影响隐含含义确定的其他因素，那么对借条本身的效力会产生实质性的影响。本案中王某的行为实际上已经肯定了其当时的行为含有约定夫妻共同财产归属的含义，或者说王某后来的行为即将该款只用于自己的个人开支而未用于家庭共同生活的开支也表明一种隐含的含义，那就是肯定双方存在对财产归属的约定。如果王某将该款完全用于夫妻共同生活或其使用、经营收益完全归夫妻共同享有，那么根据《婚姻法》第 13 条关于夫妻在家庭中地位平等的规定和避免显失公平，应当认定借条无效。但本案情况并非如此，因此应当认定借条有效。张某的诉讼请求应当得到支持。

在实际生活中，夫妻双方应当注意的是，如果一方向另一方所借的款项属于夫妻共同财产并且用于共同的家庭开支，则该借款的性质就从一方的个人财产转化成夫妻共同财产的范畴，并且一经实际消费支出，夫妻之间的借贷关系就不复存在，一方无权要求另一方返还。

17 夫妻感情确已破裂如何界定？

典型事例

2012 年 5 月 13 日，梁某向当地派出所举报称，江某在一出租房内嫖娼。民警接报后调查发现，报案人梁某是被调查人江某的妻子，江某与涉事单身女子刘某同住一出租屋，江某坚决否认自己嫖娼，坚称与女子刘某仅是合租关系。

据妻子梁某介绍，自 2010 年 4 月开始，她便发现丈夫江某与女子刘某有不正当关系，之后夫妻失和、感情恶化。自 2010 年底开始夫妻分居，随后丈夫江某与单身女子刘某同住一个出租屋，并保持不正当关系长达两年多。

丈夫江某则表示，由于和妻子梁某感情不和，于 2010 年年中，先搬到工厂宿舍居住，后与单身女子刘某一起合租了房子，房子为一室一厅，刘某住房间江某住客厅。并称两人仅是普通朋友关系，房子租金也是由两人共同承担。

法院认定江某与梁某夫妻感情破裂，并判决离婚，判定夫妻共同财产，妻子梁某占70%，丈夫江某占30%。

法津分析

即便真如江某所说，他与刘某不存在不正当关系。但《婚姻法》第3条明确规定："禁止有配偶者与他人同居"，江某在婚姻存续期间，长期与其他女子共同租住一个一室一厅的出租屋的行为，违反了《婚姻法》中一夫一妻及夫妻相互忠诚的义务，对夫妻感情带来伤害，破坏了婚姻关系。在双方矛盾激化的情况下，江某仍不收敛其行为，最终导致夫妻感情破裂，认定江某存在较大过错。根据我国《婚姻法》规定，有配偶者与他人同居导致离婚的，无过错方有权请求损害赔偿。

最高人民法院颁布《关于人民法院审理离婚案件如何认定夫妻感情确已破裂的若干具体意见》中所列举的14种可视为夫妻感情确已婚破裂的情形：

1. 一方患有法定禁止结婚疾病的，或一方有生理缺陷，或其他原因不能发生性行为，且难以治愈的。

2. 婚前缺乏了解，草率结婚，婚后未建立起夫妻感情，难以共同生活的。

3. 婚前隐瞒了精神病，婚后经治不愈，或者婚前知道对方患有精神病而与其结婚，或一方在夫妻共同生活期间患精神病，久治不愈的。

4. 一方欺骗对方，或者在结婚登记时弄虚作假，骗取结婚证的。

5. 双方办理结婚登记后，未同居生活，无和好可能的。

6. 包办、买卖婚姻，婚后一方随即提出离婚，或者虽共同生活多年，但确实未建立起夫妻感情的。

7. 因感情不和分居已满 3 年，确无和好可能的，或者经人民法院判决不准离婚后又分居满 1 年，互不履行夫妻义务的（此条与新《婚姻法》第 32 条第 3 款第 4 项规定不同，已不再适用，编者说明）。

8. 一方与他人通奸、非法同居，经教育仍无悔改表现，无过错一方起诉离婚，或者过错方起诉离婚，对方不同意离婚，经批评教育，处分，或在人民法院判决不准离婚后，过错方又起诉离婚，确无和好可能的。

9. 一方重婚，对方提出离婚的。

10. 一方好逸恶劳、有赌博等恶习，不履行家庭义务、屡教不改，夫妻难以共同生活的。

11. 一方被依法判处长期徒刑，或其违法、犯罪行为严重伤害夫妻感情的。

12. 一方下落不明满 2 年，对方起诉离婚，经公告查找确无下落的。

13. 受对方的虐待、遗弃，或者受对方亲属虐待，或虐待对方亲属，经教育不改，另一方不谅解的。

14. 因其他原因导致夫妻感情确已破裂的。

法 律依据

《婚姻法》第 32 条："男女一方要求离婚的，可由有关部门进行调解或直接向人民法院提出离婚诉讼。

人民法院审理离婚案件，应当进行调解；如感情确已破裂，调解无效，应准予离婚。

有下列情形之一，调解无效的，应准予离婚：

（一）重婚或有配偶者与他人同居的；

（二）实施家庭暴力或虐待、遗弃家庭成员的；

（三）有赌博、吸毒等恶习屡教不改的；

（四）因感情不和分居满二年的；

（五）其他导致夫妻感情破裂的情形。"

第46条："有下列情形之一，导致离婚的，无过错方有权请求损害赔偿。

（一）重婚的；

（二）有配偶者与他人同居的；

（三）实施家庭暴力的；

（四）虐待、遗弃家庭成员的。"

18 与现役军人离婚，法院会判离吗？

典型事例

郭明是一个军人，常年在部队执行任务，耽误了自己的终身大事，三十好几还打光棍，经过同学的介绍，郭明和汪梦认识了，双方很快就陷入了爱河，军人的身份使得汪梦非常敬仰自己的男友，不久，他们就组成了自己的小家庭，汪梦成了别人美慕的军嫂。哪知，结婚后不久，汪梦就觉得自己和丈夫性格不合，生活单调、死板，认为郭明是个工作狂，一天到晚都在部队，根本不关心自己，不懂浪漫，骨子里金钱观念很重。这样的生活维持了几年。最终，汪梦不堪丈夫的种种举动，觉得夫妻双方的感情不合，提出分居，郭明也同意了。就这样，一晃就是八年，长时间的分居让汪梦忍无可忍。汪梦向郭明提出离婚，但是郭明坚决反对，汪梦无奈向法院提出离婚，但是被告知，郭明作为军人，不同意离婚，又没有法律规定的重大过错，汪梦提出的离婚诉讼请求是不能被支持的。

法律分析

军婚指夫妻双方或一方是现役军人的婚姻关系。现役军人是指正在中国人民解放军或人民武装警察部队服役、具有军籍的人员。退役军人、复员军人、转业军人和军事单位中不具有军籍的职工，均为非现役军人，其婚姻关系均不能按军婚办理。现役军人的婚姻很多年来一直受国家法律的特别保护，法律对军人的结婚、离婚等问题均有特别规定。在离婚方面，《婚姻法》第33条规定："现役军人的配偶要求离婚，须得军人同意，但军人一方有重大过错的除外。"最高人民法院多次对此规定作出司法解释，指出：双方都是军人的离婚案件或者军人一方提出离婚的，应先经当事人所在部队政治机关审查、调解，无效时再由部队政治机关提出处理意见，然后由人民法院审理判决。非军人一方提出离婚的，须经军人同意；如军人不同意，而且原婚姻基础和婚后感情较好，非军人一方又无重要、正当理由的，应对非军人一方进行说服，教育其珍惜与军人的婚姻关系，调解或判决不准离婚；如果夫妻感情确已破裂，或军人一方有重大过错，婚姻已不能继续维持的，经调解和好无效，应当通过军人所在部队团以上政治机关做好军人思想工作，调解或判决准予离婚。

2001年11月9日中国人民解放军总政治部《军队贯彻实施〈中华人民共和国婚姻法〉若干问题的规定》第11条第4款规定，配偶是地方人员，配偶一方要求离婚，军人一方同意离婚的，政治机关可出具证明同意离婚；军人一方不同意离婚的，政治机关不得出具证明，但经政治机关查实军人一方确有重大过错的除外。

何为"军人一方有重大过错"？《婚姻法司法解释（一）》对"军人一方有重大过错"作出了细化规定：第一，军人一方重婚或与他人婚外同居的；第二，军人一方实施家庭暴力或虐待、遗弃家庭成员的；第三，军人一方有赌博、吸毒等恶习，这与一般的缺点、错误迥然不同，如果沾染上赌博、吸毒等恶习又屡教不改的，则是所在家庭之大不幸；第四，军人一方有其他重大过错的。这是一个兜底条款，因为各种案件情况复杂，司法解释不可穷尽一切。这一规定具有一定的灵活性，法官可以根据每个案件的具体情况实事求是地作出判断。需要注意的是，军人有重大过错，主要是指军人的过错对夫妻感情造成了严重伤害，对此应慎重对待、严格把握。

以上可以看出，婚姻非军人一方要想离婚，除非军人一方同意，否则很难协议离婚，如起诉到人民法院，非军人一方要提供军人有重大过错的证据，否则将面临败诉的风险。

最高人民法院《关于适用〈中华人民共和国民事诉讼法〉的解释》第11条对军人离婚诉讼管辖又作出了详细规定，将军人分为文职军人和非文职军人，并以此来区分军人离婚诉讼的地域管辖。大致可分为以下四种情况：第一，夫妻双方都是军人的，其离婚诉讼由被告住所地或者被告所在的团级以上单位驻地的人民法院管辖；第二，夫妻双方有一方是军人的，军人对非军人提出离婚诉讼的，由被告住所地人民法院管辖；被告住所地与经常居住地不一致的，由经常居住地人民法院管辖；第三，夫妻双方中有一方是文职军人的，即军队文职干部的，非军人一方提出离婚诉讼的，由被告住所地人民法院管辖；被告住所地与经常居住地不一致的，由经常居住地管辖；第四，夫妻双方中有一方是非文职军人，即现役军人的，非军人一方提出离婚诉讼的，由原告所在地人民法院管辖。

《军队贯彻实施〈中华人民共和国婚姻法〉若干问题的规定》对军人离婚的要求和程序作了明确规定，现役军人离婚，应当严肃谨慎，不得违反国家法律和军队纪律，不违背社会公德；现役军人申请离婚的审批程序、权限与申请结婚的相同。团级以上单位政治机关出具同意离婚的证明时，应要求离婚双方签字或提供本人书面意见。除此以外，军人离婚的审查、登记等程序与一般离婚相同，均适用 2003 年 10 月 1 日起施行的《婚姻登记条例》的有关规定。人民法院审理包括军人离婚在内的民事案件，实行两审终审制。这里的"两审"，是指第一审程序和第二审程序，其中第一审程序分为普通程序和简易程序。大部分军人离婚案件适用简易程序，有着不同于一般民事案件的特别规定。

19 军人离婚时，财产如何进行分割？

典型事例

张某是一名从部队转业的军人，今年初和妻子刘某闹离婚，双方就军人转业费如何分割产生了争执。妻子刘某认为，这笔军人转业费是夫妻共同财产，应当均分。但张某认为，转业费是部队给退役军人的，是他的个人财产，应该由他个人占有。那么，军人转业费是否属于夫妻共同财产呢？

法律分析

军人基于其职业的特殊性，除具有普通人所具有的一般财产外，也有一些特殊财产，如复员费、转业费、自主择业费、住房补贴、住房公积金、伤亡保险金、伤残补助金、医药生活补助费、退役医疗保险金、优待金、死亡抚恤金、伤残抚恤金等等。对于这部分与军人身份有关的特殊财产，应区分不同情况，确定其归属。

1. 军人伤亡保险金等财产的分配。根据《婚姻法司法解释（二）》第 13 条的规定，军人的伤亡保险金、伤残补助金、医药生活补助费属于个人财产。离婚时，应确定为军人个人所有。

2. 军人所获复员费等费用的分配。根据《婚姻法司法解释（二）》第 14 条的规定，发放到军人名下的复员费、自主择业费等一次性费用，以夫妻关系存续年限乘以年平均值，所得额为夫妻共同财产。离婚时，一般由夫妻平均分配。

"平均值"指将发放到军人名下的上述费用总额按具体年限均分得出的数额。具体年限为人均寿命 70 岁与军人入伍时的实际年龄差额。

军人离婚与其复员转业并不一定同步进行，此时军人的配偶只享有对复员费、转业费的期待权，将来一旦军人复员后转业，其原配偶可以请求分割复员费、转业费。

3. 军人所获住房补贴的分配。住房补贴指军队以货币形式给予军职以下军官、文职干部和士官住房消费的经济补偿。《军队人员住房资金管理暂行办法》规定，计入个人账户的住房资金，属于军队人员个人所有。正确解决这个问题，必须弄清军队住房补贴的性质。《军官、文职干部、士官住房补贴暂行办法》第 2 条规定："本办法所称住房补贴，是指军队以货币形式给予军职以下军官、文职干部和士官住房消费的经济补偿。"很显然，既然计入个人账户的住房补贴是以"货币形式"给予军人的"经济补偿"，就应当和工资等收入属同等性质，在夫妻关系存续期间的住房补贴，应当是夫妻的共同财产。但《军队人员住房资金管理暂行办法》规定，住房资金包括住房补贴等项目，"计入个人账户的住房资金，属于军队人员个人所有"。有的人就把"属于军队人员个人所有"的规定理解为住房补贴是军人的个人财产，不是夫妻共同财产。这样的理解是错误的。军队做出这样的规定，是考虑到国家实行住房补贴的目的是确保军人的住房。但具体到夫妻双方如何处理这部分财产，军队不需要进行规范，应当由夫妻双方共同约定或按国家的法律进行规范。所以，按照《婚姻法司法解释

（二）》第 11 条"婚姻关系存续期间，男女双方实际取得或者应当取得的住房补贴、住房公积金，属于婚姻法第 17 条所规定的'其他应当归夫妻共同所有的财产'"的规定，军人的住房补贴应属夫妻共同财产。在双方离婚时，一般应由夫妻平均分配。如果都是军人，二人都有住房补贴，应根据军队关于住房补贴问题的有关规定，先计算出个人的住房补贴总额，减去结婚前个人应得的住房补贴的金额，余下的部分，就是夫妻双方的共同财产，然后再进行适当分割。

4. 经济适用住房的分割。对二人购买的经济适用住房应当按照市场评估价格进行分割。军队在住房制度改革时，出售的经济适用住房一般都比同地段的商品房便宜，这是国家考虑到军人的实际购买能力，扣除了部分费用后做出的安排，是国家对军人的优待措施之一。同时，根据军队的有关规定，一对夫妻只能购买一套经济适用住房。如果二人在离婚时按照购买时支付的金额进行分割，由保留房屋一方支付对方一半的经济补偿，这时，受偿的一方便不能以同等价格再次购买同类房屋，就要以市场价重新购买或租房居住，实际上等于间接剥夺了受偿一方享受军队房改优惠政策的权利。这样的分割方式很显然侵犯了受偿方的合法权益。如果按照市场价格进行分割，就能较好地体现《婚姻法》所确定的保护婚姻双方当事人合法权益的立法宗旨和原则。无法就这套房屋的价值及归属达成协议时，应当按照《婚姻法司法解释（二）》第 20 条的规定进行处理：如果李某和张某都主张房屋的所有权并同意竞价取得的，可由出价最高的一方取得该房屋的所有权；如果一方主张房屋所有权的，应当委托评估机构按照市场价格进行评估，由取得房屋所有权的一方给予另一方相应的补偿；如果双方均不主张房屋的所有权，法院可以根据当事人的申请，委托有关拍卖机构进行拍卖，就所得的价款进行分割。

20 什么情况下会构成重婚罪？

典型事例

2008 年，蒙山县某镇女青年韦某与男青年冯某经人介绍相识，经过一年的恋爱于 2009 年结婚，婚后两人生育有两个小孩。在平淡的生活中，韦某与冯某常因孩子的教育问题和家庭琐事争吵。2010 年 11 月，韦某离家出走，到邻村男青年黄某家，公开以夫妻名义共同生活。在此期间，冯某曾找过韦某，希望她回家。但韦某拒绝回家，并于 2012 年 2 月以与冯某婚前没有感情基础，婚后没有建立感情为由，向冯某提出了离婚。法院认为两人是自由恋爱结为夫妻，婚后只是因为孩子教育问题和琐事争吵，夫妻感情并没有破裂，判决不予离婚，此时，冯某仍表示不计前嫌，愿意与韦某重新开始生活。但接到法院判决书后，韦某与黄某依然非法同居（黄某也明知韦某有丈夫）并于 2013 年 8 月生育了一男孩。因韦某尚在哺乳期，2014 年 8 月 19 日被告人黄某被法院以犯重婚罪，判处有期徒刑一年。

对此，一些群众不理解，黄某没有结过婚，为何构成重婚罪被判刑。

法律分析

重婚罪，是指有配偶又与他人结婚或者明知他人有配偶而与之结婚的行为。所谓有配偶，是指男人有妻、女人有夫，而且这种夫妻关系未经法律程序解除尚在存续的，即为有配偶的人；如果夫妻关系已经解除，或者因配偶一方死亡夫妻关系自然消失，即不再是有配偶的人。

重婚罪在客观方面表现为行为人必须具有重婚的行为，即有配偶的人又与他人结婚的，或者明知他人有配偶而与之结婚的，就构成重婚罪。

所谓又与他人结婚，包括骗取合法手续登记结婚的和虽未履行婚姻登记手续但以夫妻关系共同生活的事实婚姻。所谓明知他人有配偶而与之结婚的，是指本人虽无配偶，但明知对方有配偶，而故意与之结婚的（包括登记结婚或者事实婚）。此种行为是有意破坏他人婚姻的行为。

重婚罪在主观方面表现为直接故意，即明知他人有配偶而与之结婚或自己有配偶而故意与他人结婚。如果没有配偶一方确实不知对方有配偶而与之结婚或以夫妻关系共同生活的，无配偶一方不构成重婚罪，有配偶一方则构成重婚罪。重婚的动机是多种多样的，有的是喜新厌旧；有的是出于贪图享乐；有的是封建思想作祟等等。但动机不影响重婚罪的成立。

1. 重婚罪一般表现为三种方式：

（1）与配偶登记结婚，与他人又登记结婚而重婚，也即两个法律婚的重婚。有配偶的人又与他人登记结婚，有重婚者欺骗婚姻登记机关而领取结婚证的，也有重婚者和登记机关工作人员互相串通作弊领取结婚证的。

（2）与原配偶登记结婚，与他人没有登记却以夫妻关系同居生活而重婚，此即为先法律婚后事实婚型。

（3）没有配偶，但明知对方有配偶而与其登记结婚或以夫妻关系同居而重婚。

2. 重婚者的民事责任。基于事实上的重婚、变相纳妾、第三者插足等行为，是对夫妻忠实义务的违反，它严重侵犯无过错方的同居权、贞操保持权等一系列配偶权利。由此决定，法律不但应当对重婚者予以刑事惩罚，而且还应当由重婚者对无过错方承担惩罚性的赔偿责任。刑事惩罚重婚者是手段，保护无过错方的婚姻家庭权益才是目的。为此，婚姻法律制度应当设置对无过错方的损害赔偿制度，在立法上明确规定因重婚罪造成无过错方损害的，应当得到赔偿。我国《婚姻法》第46条第1项规定："因重婚的或有配偶者与他人同居的，导致离婚的，无过错方有权请求损害赔偿。"由此体现了对无过错方损害的经济补偿。这对无过错方具有补偿性，对重婚者则具有惩罚性。

在离婚诉讼中，如果确实是因重婚引起婚姻关系破裂而导致离婚的，"重婚人"与"相婚人"对无过错方应负连带赔偿责任。近代以来许多国家的婚姻家庭权益，都规定了只要具备包括重婚、通奸、遗弃等妨碍婚姻存在的离婚法定事由的，过错方都应承担损害赔偿责任。对此，我国《婚姻法》合理借鉴了外国婚姻家庭立法的有益经验，明确规定因重婚或婚外同居而导致离婚的，"无过错方有权请求损害赔偿"。这是我国婚姻法律制度中第一次设置损害赔偿制度，标志着我国婚姻家庭领域的民事责任制度的进一步完善。

3. 重婚罪的刑事责任。《刑法》第258条规定："有配偶而重婚的，或者明知他人有配偶而与之结婚的，处二年以下有期徒刑或者拘役。"

4. 重婚与其他行为如何进行区分。有配偶者与他人同居，是指有配偶者与婚外异性，不以夫妻名义持续、稳定地共同生活居住，俗称为姘居。禁止有配偶者与他人同居是修正后的《婚姻法》为保障一夫一妻制原则而新增加的禁止性规定。在适用这一禁止性规定时，应当注意以下问题：

（1）有配偶者与他人同居与重婚的区别。重婚系是以夫妻关系的名义共同生活，而有配偶者与他人同居则不是以夫妻名义同居生活。

（2）有配偶者与他人同居与那些应由道德规范调整的通奸、

婚外恋等行为相区别。通奸是指双方或一方有配偶的男女，秘密、自愿发生两性关系的行为。婚外恋则泛指已婚者与配偶之外的人发生恋情。通奸、婚外恋都属于有悖社会主义道德的行为，一般由道德规范调整。而有配偶者与他人同居则属于《婚姻法》禁止的违法行为，行为人要承担相应的法律责任。《婚姻法》第3条规定：禁止重婚；禁止有配偶者与他人同居。

（3）有配偶者与他人同居的民事法律后果。《婚姻法》不但在总则中明令禁止有配偶者与他人同居，而且还在其他章节的相关条文中规定了这一违法行为的法律后果和法律责任。

《婚姻法》第46条规定："有下列情形之一，导致离婚的，无过错方有权请求损害赔偿：（一）重婚的；（二）有配偶者与他人同居的；（三）实施家庭暴力的；（四）虐待、遗弃家庭成员的。"

重婚是破坏国家婚姻制度的犯罪行为。《刑法》第258条规定："有配偶而重婚的，或者明知他人有配偶而与之结婚的，处二年以下有期徒刑或者拘役。"在司法实践中，同时还可以判决重婚者向无过错方予以损害赔偿。

有配偶而重婚的，或者明知他人有配偶而与之结婚的，处两年以下有期徒刑或者拘役。这是对重婚罪的界定，据此，重婚罪有两种情况：本人无配偶而与他人结婚；名副其实的重婚，对本人来说并不构成重婚，但因明知他人有配偶而与之结婚，就成为重婚罪的共犯（相婚者）。

当然，相婚者在不知对方有配偶的情况下与之结婚并不构成重婚。坚持对包括双重事实婚姻在内的各类事实婚姻均应治罪的认识，现阶段还有其实情考虑：其一，事实婚姻在广大农村还是较普遍的现象，尤其是在经济文化落后的边远山区，事实婚姻占有很高的比例。事实重婚是败坏社会风尚的最严重的污染之一，如果法律对事实重婚不予打击，无疑是对毒化社会风气的行径的容忍与放纵。其二，改革开放以来，经济迅速发展，使一部分人先富起来，其中一些思想意识不健康的人便饱暖思淫欲。有的弃家别子，另寻他欢，如不以重婚论，会更加严重地冲击社会主义婚姻家庭关系。其三，从保护妇女、儿童合法权益考虑，离婚、重婚使妇女、儿童无家可归，更不利于对儿童的教育。

对前后都为法律婚的重婚行为认定重婚罪并无异议，那么，事实婚能否构成重婚罪呢？事实重婚罪分为三种情况，一是，先婚是事实婚，后婚为法律婚的重婚；二是，前婚是法律婚，后婚为事实婚的情形；三是，先后两个都为事实婚。关于法律不保护事实婚姻，应从两方面理解，一方面，从最高人民法院的司法解释精神看，至少，对待事实婚姻，仍是有条件地予以承认，如《婚姻法司法解释（二）》第 1 条，当事人起诉请求解除同居关系的，人民法院不予受理。但当事人请求解除的同居关系，属于《婚姻法》第 3 条、第 32 条、第 46 条规定的"有配偶者与他人同居"的，人民法院应当受理并依法予以解除。在现阶段，还不能绝对说事实婚姻法律一概不予保护。

因此，对事实重婚，法律也必须予以制裁。综上所述，事实婚姻可以构成重婚罪。最高人民法院 1994 年 12 月 14 日《关于〈婚姻登记管理条例〉施行后发生的以夫妻名义非法同居的重婚案件是否以重婚罪定罪处罚的批复》明确指出，《婚姻登记管理条例》公布施行后，有配偶的人与他人以夫妻名义同居生活的，或者明知他人有配偶而与之以夫妻名义同居生活的，仍应按重婚罪定罪处罚。这足以说明，司法解释肯定了事实婚姻仍可构成重婚。

综上所述，尽管本案中黄某未结过婚，但他明知韦某是已婚人士仍与其以夫妻的名义进行生活，已经是事实上的夫妻关系，因此构成重婚罪。

21 夫妻一方失踪多年，想要离婚怎么办？

典型事例

王女士称她与丈夫李某于 2010 年登记结婚，由于二人感情基础差，婚后常因琐事发生争执。婚后没几个月，她丈夫便留下外出打工的字条离家出走，无论王女士怎么寻找都没有结果，李某的父母及其他亲属也不知其去向，时至今日已经三年了。王女士非常苦恼，既然二人婚姻无法维系，双方可以选择离婚，但是因无法联系到丈夫，自己想结束这段感情破裂的婚姻都变得非常困难，更别谈开始新生活了。王女士问，像她这种情况，怎么才能与李某办理离婚？

法律分析

根据我国法律规定，夫妻一方失踪，另一方一般可以采取以下两个途径解决离婚事宜：

1. 直接向人民法院提起离婚诉讼。一方可以向有管辖权的人民法院直接提起离婚诉讼。法院按照普通民事案件规定的程序审理并判决。最高人民法院《关于适用〈中华人民共和国民事诉讼法〉的解释》第 217 条规定："夫妻一方下落不明，另一方起诉至人民法院，只要求离婚，不申请宣告下落不明人失踪或死亡的案件，人民法院应当受理，对下落不明人用公告送达诉讼文书。"夫或妻一方下落不明，另一方提起离婚诉讼，对下落不明一方送达诉讼文书是一个难题，法院如何解决呢？据上述规定，法院对下落不明的人可以采取公告的方式送达诉讼文书。我国《民事诉讼法》第 92 条规定："受送达人下落不明，或用本节规定的其他送达方式无法送达的，公告送达。自发出公告之日起，经过六十日，即视为送达。"法院将诉讼文书通过公告送达的方式送达被告，被告有可能看到，也有可能看不到，无论看到与否，均视为送达，在法院规定的开庭时间内，被告不出庭，不应诉的，法院即可以缺席审理，缺席判决。这些规定，是为了保证法院诉讼审理程序的正常进行，保证公民合法诉权的行使。

2. 可以对下落不明人申请宣告失踪或宣告死亡以达到解除婚姻关系的目的。

宣告失踪是指经利害关系人的申请，由法院依照法定条件和程序，宣告下落不明满一定期限的公民为失踪人的民事法律制度。所谓"下落不明"是指公民离开最后居住地后没有音讯，不明生死。我国《民法通则》第20条规定："公民下落不明满二年的，利害关系人可以向人民法院申请宣告他为失踪人。战争期间下落不明的，下落不明的时间从战争结束之日起计算。"人民法院依法受理宣告失踪案件后，应当发出寻找下落不明人的公告，公告期为3个月，公告期满仍无音讯的，人民法院做出宣告失踪的判决。夫妻中的一方被宣告为失踪人后，另一方再向人民法院提起离婚诉讼的，我国《婚姻法》第32条第4款规定："一方被宣告失踪，另一方提出离婚诉讼的，应准予离婚。"所以，对被宣告失踪人提起的离婚诉讼，法院一般都准予离婚。

宣告死亡是指经利害关系人申请，由法院依照法律规定的条件和程序，判决宣告下落不明满一定期限的公民死亡的民事法律制度。我国《民法通则》第23条规定，公民下落不明满四年，或因意外事故下落不明，从事故发生之日起满二年的，利害关系人可以向人民法院申请宣告失踪人死亡。人民法院受理宣告死亡案件后，应当发出寻找下落不明人的公告，宣告死亡的公告期间为一年，因意外事故下落不明，经有关机关证明该公民不可能生存的，宣告死亡的公告期间为三个月。公告期届满，人民法院作出宣告死亡的判决。夫或妻中的一方被宣告死亡的，婚姻关系自宣告死亡之日起自动解除。

需要强调的是，宣告失踪或宣告死亡需要利害关系人提起，法院没有权利也没有义务主动宣告。利害关系人包括：配偶、父母、子女、兄弟姐妹、祖父母、外祖父母、孙子女、外孙子女及与失踪人有民事权利义务关系的人，如失踪人的合伙人、共有财产的其他所有权人等。利害关系人申请宣告失踪没有顺序限制。被宣告失踪的人重新出现或者确知其下落，经本人或利害关系人申请，人民法院还可以撤销对他的失踪宣告，但并不影响已经生效离婚判决的法律效力。

通过上述两种途径都能达到离婚的目的，但是在财产分配方面产生的法律后果有所不同。缺席判决离婚的，法院会依据《婚姻法》的规定依法分割夫妻共同财产，最常见的就是平均分配夫妻共同财产。宣告失踪的后果是失踪人的财产依法由他人代管。人民法院应指定失踪人的配偶、父母、成年子女或关系密切的其他亲属、朋友为其财产代管人。宣告死亡的法律后果等同于事实死亡，因此被宣告死亡人的财产会作为遗产由合法继承人依法继承。

当对方下落不明时，夫或妻另一方要求离婚的，可直接向人民法院提出离婚诉讼或者达到一定期限后，向法院申请宣告失踪或者宣告死亡。在此种情形下，法院采取公告送达的方式和缺席审判的方式来处理案件，或按法律规定的程序宣告另一方失踪或死亡，最终都能够达到离婚的目的。不过在审判实践中，当事人应当承担举证责任，尽量找出证据证明对方确实杳无音信，选择对自己有利的方式，这样才能得到公正的判决和正确运用法律。

22 父母出资买房，离婚时如何分割房产？

典型事例

案件一：李某的父母在李某结婚前出首付为其购买房屋一套，并在银行办理了贷款，产权登记在李某名下，后李某与王某结婚，婚后两人共同还贷。之后由于感情不和，双方离婚。该房屋如何分割？

案件二：李某和王某结婚后，李某的父母出全资为其购买房屋一套，产权登记在李某的名下，后李某和王某离婚，离婚时，该房屋如何分割？

案件三：李某和王某结婚后，李某和王某的父母分别出资60万和40万为二人购买房屋一套，产权登记在李某名下，双方对此没有其他约定。后李某与王某感情不和离婚，离婚时，该房屋如何分割？

案件四：李某与王某结婚后，李某父母的房子参加房改，李某与王某用共同财产购买了该房改房，产权登记在李某父母的名下，后李某与王某感情不和离婚，离婚时，该房屋如何分割？

法津分析

按照中国人的传统习俗，子女在结婚时父母一般都会资助购买婚房，资助的方式也是多种多样，经济条件好的父母直接给子女购买一套房，经济条件相对不好的一般也会在子女结婚时出首付款购房，然后由子女还贷，等等。但是，房子买了，离婚时麻烦就来了，由于房子价值较大，双方争执不清，更多时候需要撕破脸皮对簿公堂。那么，父母出资为子女购房，在子女离婚时房产应该如何分割呢？

对于案例一，根据《婚姻法司法解释（三）》，先由双方进行协商，协商不成，则该房屋产权归李某所有，李某父母婚前出的首付以及尚未归还的贷款部分视为李某的个人债务。李某和王某婚后共同还贷部分及相对应财产增值部分，由李某对王某进行补偿。此种情形适用于李某婚前自己出首付购买房屋并办理贷款，婚后与王某共同还贷，离婚时的分割原则。

对于案例二，根据《婚姻法司法解释（三）》，该房屋可视为李某父母对李某个人的赠与，应该认定为李某的个人财产，不参与分割。此种情形适用于李某父母在李某婚前出全资为其购买房屋，产权登记在李某名下，离婚时的分割原则。

对于案例三，根据《婚姻法司法解释（三）》，该房屋按照李某和王某父母的出资份额由李某和王某按份共同，李某占 60%，王某占 40%。至于分割方式，双方可以进行协商。此种情形下，双方需保留出资时的相关证据，否则诉讼时可能导致不利后果。以此种方式出资购买房屋的，不论是婚前还是婚后，建议在办理产权登记时注明该房屋为双方子女按份共有，并注明各自的份额。

对于案例四，根据《婚姻法司法解释（三）》，该房屋产权属于李某父母，至于李某和王某购买房屋时的出资，可以视为李某和王某的共同债权，由李某父母予以偿还，然后分割。此种情形适用于李某父母出资一部分，李某和王某出资另外一部分购买房屋，房屋产权登记在李某父母名下，离婚时的分割原则。

法律依据

《婚姻法司法解释（三）》第 7 条："婚后由一方父母出资为子女购买的不动产，产权登记在出资人子女名下的，可按照婚姻法第十八条第三项的规定，视为只对自己子女一方的赠与，该不动产应认定为夫妻一方的个人财产。

由双方父母出资购买的不动产，产权登记在一方子女名下的，该不动产可认定为双方按照各自父母的出资份额按份共有，但当事人另有约定的除外。"

第10条："夫妻一方婚前签订不动产买卖合同，以个人财产支付首付款并在银行贷款，婚后用夫妻共同财产还贷，不动产登记于首付款支付方名下的，离婚时该不动产由双方协议处理。

依前款规定不能达成协议的，人民法院可以判决该不动产归产权登记一方，尚未归还的贷款为产权登记一方的个人债务。双方婚后共同还贷支付的款项及其相对应财产增值部分，离婚时应根据婚姻法第三十九条第一款规定的原则，由产权登记一方对另一方进行补偿。"

第12条："婚姻关系存续期间，双方用夫妻共同财产出资购买以一方父母名义参加房改的房屋，产权登记在一方父母名下，离婚时另一方主张按照夫妻共同财产对该房屋进行分割的，人民法院不予支持。购买该房屋时的出资，可以作为债权处理。"

《婚姻法》第18条："有下列情形之一的，为夫妻一方的财产：

（一）一方的婚前财产；

（二）一方因身体受到伤害获得的医疗费、残疾人生活补助费等费用；

（三）遗嘱或赠与合同中确定只归夫或妻一方的财产；

（四）一方专用的生活用品；

（五）其他应当归一方的财产。"

23 离婚后，承包的土地如何进行分割？

典型事例

扬眉、王浩于 1998 年 4 月 22 日登记结婚。1998 年第二轮土地承包时，王浩代表家庭取得了金坛市尧塘镇一村 3.8 亩土地的承包经营权，承包人口为 3 人，劳动力 2 人。2008 年 4 月 16 日，扬眉、王浩办理离婚登记，离婚协议中对家庭土地承包经营权未作分割。2009 年 4 月 16 日，扬眉的户籍从金坛市尧塘镇一村迁至金坛市尧塘镇三村，但扬眉在三村未取得土地承包经营权。2012 年 5 月 2 日，扬眉因要求分割家庭土地承包经营权未果诉至本院。诉讼中，扬眉变更诉讼请求：要求分割金坛市尧塘镇一村 3.8 亩土地承包经营权，由扬眉享有其中 1/2 的土地承包经营权。

法院认为：夫或妻一方在家庭土地承包经营中享有的权益受法律保护。扬眉、王浩于 1998 年办理结婚登记，在婚姻关系存续期间取得土地承包经营权，根据土地承包经营权证的记载，户主为王浩，承包人口为三人，因此该土地承包经营权应为扬眉、王浩及其女儿组成的家庭共同享有。之后，扬眉、王浩于 2008 年 4 月 16 日办理离婚登记，2009 年 4 月扬眉将户口迁出承包地所在集体经济组织。对于扬眉是否还继续享有土地承包经营权并进而要求分割，本院认为，根据《农村土地承包法》及《妇女权益保障法》的相关规定，妇女离婚后不在原居住地生活但在新居住地未取得承包地的不丧失原土地承包经营权。因此，扬眉仍享有土地承包经营权，因双方在协议中对此未作约定，扬眉现要求分割土地承包经营权应予处理和支持。关于扬眉享有的份额，因本案所涉土地承包经营权为家庭承包经营权，其权利人为扬眉、王浩及其女儿，扬眉享有的份额以 1/3 为宜。

法律分析

　　土地作为一种稀缺性的资源，其价值越来越高，国家对农村承包经营性土地的补贴优惠政策也越来越多，同时随着国家城镇化战略的实施，农村土地对于农民来说是生活、生产的保障。农村承包经营土地从本质上来说是对农民带有福利性质的权属。笔者所在的基层法庭受理的涉及农村土地承包纠纷的案件数量不断攀升，类型也呈现出多样性，而本案则涉及《婚姻法》和《农村土地承包法》两个领域的法律规范。

　　我国《宪法》中规定男女权利平等是基本的原则。《婚姻法》第 39 条第 2 款规定："夫或妻一方在家庭土地承包经营中享有的权益等，应当依法予以保护。"《妇女权益保障法》第 32 条规定："妇女在农村土地承包经营、集体经济组织收益分配、土地征收或者征用补偿费使用以及宅基地使用等方面，享有与男子平等的权利。"第 33 条规定："任何组织和个人不得以妇女未婚、结婚、离婚、丧偶等为由，侵害妇女在农村集体经济组织中的各项权益。"第 55 条规定："违反本法规定，以妇女未婚、结婚、离婚、丧偶等为由，侵害妇女在农村集体经济组织中的各项权益的，或者因结婚男方到女方住所落户，侵害男方和子女享有与所在地农村集体经济组织成员平等权益的，由乡镇人民政府依法调解；受害人也可以依法向农村土地承包仲裁机构申请仲裁，或者向人民法院起诉，人民法院应当依法受理。"《农村土地承包法》第 30 条规定："承包期内，妇女结婚，在新居住地未取得承包地的，发包方不得收回其原承包地；妇女离婚或者丧偶，仍在原居住地生活或者不在原居住地生活但在新居住地未取得承包地的，发包方不得收回其原承包地。"依据上述规定，扬眉对于原来以家庭承包方式取得的承包经营权并没有丧失。如果法院对此类纠纷不予处理，扬眉的土地承包经营权将得不到保护，在被非法侵害时也得不到救济，上述规定将形同虚设。

关于土地承包经营权的性质历来有物权和债权之争，但是《物权法》的出台使得这一争论尘埃落定。《物权法》已明确将土地承包经营权规定在用益物权一章，土地承包经营权作为物权的一种，具有物权的一般特性。根据物权法定主义原则，法律明确规定了农村土地承包经营权的权利、义务内容及权利的消灭、权利取得规则，缩减了完全依靠当事人意思导致的随意性。根据物权的绝对性和排他性原则，承包经营权不仅具有了对抗一般世人的效力，而且具备了对抗发包人的权利，对抗所有不正当的干预。另外，承包经营权人在承包期限内转让或进行其他允许的处分时，也就有了较强的自主性。因此，一旦村委会将土地发包出去，承包方取得了土地承包经营权，对于村委会而言在承包期内则丧失了对已经发包土地的处分权和绝大部分的控制权，对于承包方而言则取得了法律规定的种植、经营、流转等各项权利，当然也包括在其内部的分割。

根据我国实行的农村土地政策以及《农村土地承包法》第15条的规定，我国农村土地的承包基本上以农户为单位。我国《民法通则》对农村承包经营户的规定是指在法律允许的范围内，基于各种承包合同发生的、从事农副业经营的农村经济组织成员；农村承包经营户既可以是个人经营，也可以是家庭共同经营。家庭共同经营是以家庭成员共同劳动和经营为基础，经营收入归家庭共有；以家庭全部财产对外承担民事责任。因此，家庭共同经营的农村承包经营户是基于共同关系（如夫妻关系、父母子女等家庭关系）而产生的。这就意味着在共同关系存续期间，各成员对外共同享有权利并承担义务，不得请求分割承包地，但在共同关系终止时，其成员身份终止之人可以请求分割承包地。所以本案的扬眉是符合诉讼法条件的诉讼主体。

24 子女探望权具体指的是什么？

典型事例

刘震与卞友明于 2006 年 6 月 19 日经法院调解离婚，调解约定婚生男孩卞文成（2003 年 12 月 24 日出生，即将于 2010 年秋进入小学读一年级）由卞友明抚养，对刘震应承担的抚养费卞友明表示放弃，当时双方口头协商刘震可在卞文成放假时予以探望，刘震行使了探望权。2007 年，刘震至苏州市定居生活，双方为刘震探望小孩的方式问题多次产生纠纷，刘震遂向法院提起诉讼。

法院经审理认为：离婚后，不直接抚养子女的父或母，有探望子女的权利，另一方有协助的义务。本案中，刘震对婚生男孩卞文成行使探望权，不仅可以满足刘震作为母亲对卞文成关心、抚养和教育的情感需要，保持与卞文成的来往，及时、充分地了解卞文成的生活、学习情况，更好地对卞文成进行抚养教育，而且可以增加卞文成和刘震的沟通和交流，减轻卞文成的家庭破碎感，有利于卞文成的健康成长。刘震行使探视权的方式、时间由刘震、卞友明协议；协议不成时，由人民法院判决。探望子女有两种方式，一为看望性探望，一为逗留性探望，结合本案刘震定居苏州市的实际情况，刘震主张逗留性探望的方式，由刘震在卞文成放长假时领走探望卞文成并按时送回，有利于刘震和卞文成的深入了解和交流。故法院对刘震的诉讼请求予以支持。卞友明提出刘震将小孩长时间带走探望，不利于小孩健康成长的辩称，无事实和法律依据，法院不予支持。

依照《中华人民共和国婚姻法》第 36 条、第 38 条第 1 款、第 2 款之规定，判决如下：

刘震自本判决生效之日起，于卞文成每年放暑假、寒假、国庆节时从卞友明处将卞文成接到身边共同生活，探望时间分别为暑假 8 月份 15 天、寒假农历正月初五之后 5 天、国庆节 3 天，卞友明应予协助；刘震行使探望权完毕，应及时将卞文成送至卞友明处。

法律分析

本案涉及的是对子女的探望权，所谓探望权，又称见面交往权，是指离婚后不直接抚养子女的父亲或母亲一方享有的与未成年子女探望、联系、会面、交往、短期共同生活的权利。《婚姻法》第 38 条规定："离婚后，不直接抚养子女的父或母，有探望子女的权利，另一方有协助的义务。行使探望权利的方式、时间由当事人协议；协议不成时，由人民法院判决。父或母探望子女，不利于子女身心健康的，由人民法院依法中止探望的权利；中止的事由消失后，应当恢复探望的权利。"

探望权主要具有以下几个特征：

1. 探望权的权利主体为离婚后不直接抚养子女的父亲或母亲一方，而探望权的义务主体为离婚后直接抚养子女的一方。

2. 探望权是离婚后父亲或母亲对子女的一项法定权利。将探望权作为一项权利在法律上加以规定，是因为这不仅是亲属法上的权利，更是一种基本人权，父母子女之间基于血统关系而形成的情感，不会因为父母离婚而变化。离婚后不与子女共同生活的一方，通过探望子女，与子女交流，和子女短暂生活等多种形式行使探望权，从而达到继续教育子女的目的，对子女的价值观的形成起到积极作用。探望权不应是"权利的最小化"，它不仅是权利，还必然成为"权利之外的东西"。

3. 探望权产生的时间是离婚后。离婚前，父母存在着有效的婚姻关系，与孩子共同生活，共同教育孩子，行使探望权的问题还不存在。离婚后，由于父亲或母亲一方不能与孩子共同生活，因此产生了行使探望权的必要。

4. 探望权的行使必须有利于孩子的身心健康。子女探望权行使是指离婚后，间接抚养子女的一方探望子女。对探望的方式、时间安排一般由父母在离婚时协商。为子女的健康成长，双方在离婚时应对子女的探望问题进行协商，对探望方法、时间进行具体、细致的安排。

离婚时双方对子女探望不能达成协议的，由人民法院在处理离婚案件时一并判决。一般在不影响子女的学习、严重改变子女生活规律的前提下，确定一段时间内，间接抚养方可与子女单独交流。如果人民法院已经作出的离婚判决没有涉及子女探望权的，最高人民法院在《婚姻法司法解释（一）》第24条提供了法律救济的途径："人民法院作出的生效的离婚判决中未涉及探望权，当事人就探望权问题单独提起诉讼的，人民法院应予受理。"

间接抚养方在行使探望权时，直接抚养子女的一方有协助的义务。如果直接抚养子女的一方不履行协助探望的义务，或者是采取各种手段，阻碍另一方实现探望权，那么有探望权的一方可通过向人民法院起诉，实现自己的探望权。对拒不执行有关探望子女的判决或者裁定的，人民法院可对有协助义务的个人和单位采取拘留、罚款等强制措施。

探望权的中止，是指因发生一定的法定事由，致使探望权不宜继续行使，而由人民法院依法暂时停止探望权的行使。探望权是离异父母依法享有的法定权利，不得任意阻碍、限制甚至剥夺。但是，如果行使探望权不利于子女的身心健康，有的甚至严重损害子女的利益时，就应对其探望权的行使给予必要的限制。

探望权的中止以出现法定的中止事由为条件。中止探望权行使的法定事由，《婚姻法》并未具体列举，而是概括的规定为不利于子女身心健康。一般而言，不利于子女身心健康的情形主要有：①探望权人是无行为能力人或者限制行为能力人；②探望权人患有严重传染性疾病或者其他严重疾病，可能危及子女健康的；③探望权人在行使探望权时对子女有侵权行为或者犯罪行为，损害子女利益的；④探望权人与子女感情严重恶化，子女坚决拒绝探望的；⑤其他不利于子女身心健康的情形。

值得注意的是，中止探望权的唯一条件是不利于子女的身心健康。至于其他原因，如父母之间相互关系恶化，或探望权人未及时给付抚养费等，都不能成为中止探望权的理由。

5. 关于提出中止探望权的请求权人。未成年子女、直接抚养子女的父或母及其他对未成年子女负担抚养、教育义务的法定监护人，有权向人民法院提出中止探望权的请求。

中止探望权须经人民法院裁定，其他任何机关、任何人包括父母双方都不能中止未直接抚养子女的一方探望子女的权利。

《婚姻法》第48条规定："对拒不执行有关扶养费、抚养费、赡养费、财产分割、遗产继承、探望子女等判决或裁定的，由人民法院依法强制执行。有关个人和单位应负协助执行的责任。"但是须注意的是，这里强制执行的对象只能是拒不履行协助责任的有关个人和单位，而不是子女。因为探望权纠纷案件涉及人身问题，如果执行不当，会对子女的身心健康造成严重的伤害。此外，如果子女已满10岁，对是否进行探望已具备独立思考能力和认识能力，人民法院应当征求子女的意见，如果子女不同意的，不应当强制执行探望权。

25　离婚后，孩子的抚养问题如何解决？

典型事例

王女士与丈夫冯先生的孩子小明出生于2001年，现在上小学。夫妻俩曾两次起诉至法院要求离婚，第一次因冯先生不同意离婚，法院驳回了王女士的诉讼请求。第二次冯先生起诉离婚，但双方因孩子抚养争议，丈夫一气之下撤回了起诉。

在此次庭审中，王女士与冯先生对于离婚一事均无异议，但双方对于孩子的抚养问题却无法达成一致意见。王女士称自己是外地人没有抚养能力，另外孩子现在在北京上学且跟丈夫一起生活，因此要求孩子由父亲抚养。而丈夫冯先生却称，孩子的母亲出走后已经很长时间没有看过孩子了，都是自己照顾孩子，但是自己现在没有工作，因此没有能力抚养孩子。当天小明也一起来到了法庭，看到父母都不同意抚养自己，小明当场哭得泣不成声。经过法官与孩子沟通，小明说希望和妈妈一起生活。

针对夫妻俩互相推诿的行为，承办法官对双方当事人进行了严厉的批评，并且多次给两人做调解工作。最后，孩子的母亲王女士同意抚养孩子。庭审后，在法庭的主持下王女士将孩子领走。后法院判决双方离婚，孩子归女方抚养，男方每月给付孩子抚养费400元。

法律分析

人民法院审理离婚案件，对子女抚养问题，依照《婚姻法》第29条、第30条及有关法律规定，从有利于子女身心健康，保障子女的合法权益的原则出发，结合父母双方的抚养能力和抚养条件等具体情况做出裁决。

根据上述原则，结合离婚案件的司法实践，对子女抚养权的归属做如下总结：

1. 两周岁以下的子女，一般随母方生活。母方有下列情形之一的，可随父方生活：

（1）患有久治不愈的传染性疾病或其他严重疾病，子女不宜与其共同生活的；

（2）有抚养条件不尽抚养义务，而父方要求子女随其生活的；

（3）因其他原因，子女确无法随母方生活的。

2. 父母双方协议两周岁以下子女随父方生活，并对子女健康成长无不利影响的，可予准许。

3. 对两周岁以上未成年的子女，父方和母方均要求随其生活，一方有下列情形之一的，可予优先考虑：

（1）已做绝育手术或因其他原因丧失生育能力的；

（2）子女随其生活时间较长，改变生活环境对子女健康成长明显不利的；

（3）无其他子女，而另一方有其他子女的；

（4）子女随其生活，对子女成长有利，而另一方患有久治不愈的传染性疾病或其他严重疾病，或者有其他不利于子女身心健康的情形，不宜与子女共同生活的。

4. 父方与母方抚养子女的条件基本相同，双方均要求子女与其共同生活，但子女单独随祖父母或外祖父母共同生活多年，且祖父母或外祖父母要求并且有能力帮助子女照顾孙子女或外孙子女的，可作为子女随父或母生活的优先条件予以考虑。

5. 父母双方对十周岁以上的未成年子女随父或随母生活发生争执的，应考虑该子女的意见。

6. 在有利于保护子女利益的前提下，父母双方协议轮流抚养子女的，可予准许。

7. 生父与继母或生母与继父离婚时，对曾受其抚养教育的继子女，继父或继母不同意继续抚养的，仍应由生父母抚养。

8. 《收养法》施行前，夫或妻一方收养的子女，对方始终反对的，离婚后，应由收养方抚养该子女。

9. 离婚后，一方要求变更子女抚养关系的，应另行起诉。

10. 一方要求变更子女抚养关系有下列情形之一的，应予支持。

（1）与子女共同生活的一方因患严重疾病或因伤残无力继续抚养子女的；

（2）与子女共同生活的一方不尽抚养义务或有虐待子女行为，或其与子女共同生活对子女身心健康确有不利影响的；

（3）十周岁以上未成年子女，愿随另一方生活，该方又有抚养能力的；

（4）有其他正当理由需要变更的。

11. 父母双方协议变更子女抚养关系的，应予准许。

12. 在离婚诉讼期间，双方均拒绝抚养子女的，可先行裁定暂由一方抚养。

法津依据

《婚姻法》第34条："女方在怀孕期间、分娩后一年内或中止妊娠后六个月内，男方不得提出离婚。女方提出离婚的，或人民法院认为确有必要受理男方离婚请求的，不在此限。"

第36条第3款："离婚哺乳期内的子女，以随哺乳的母亲抚养为原则。哺乳期后的子女，如双方因抚养问题发生争执不能达成协议时，由人民法院根据子女的权益和双方的具体情况判决。"

第42条："离婚时，如一方生活困难，另一方应从其住房等个人财产中给予适当帮助。具体办法由双方协议；协议不成时，由人民法院判决。"

《婚姻法司法解释（一）》第27条："《婚姻法》第42条所称'一方生活困难'，是指依靠个人财产和离婚时分得的财产无法维持当地基本生活水平。一方离婚后没有住处的，属于生活困难。"

26 离婚后，女方能给孩子改姓吗？

典型事例

赵先生与黄女士因感情不和协议离婚，12岁的儿子赵康伟随母亲共同生活，赵先生不定期地去前妻处探望儿子。

有一天，赵先生在检查儿子作业时发现儿子已改名为"章浩羽"（黄女士父亲姓章），赵先生认为黄女士不应擅自改儿子的名字，于是向法院提起诉讼，要求恢复儿子原来的姓名。

鉴于孩子已超过了10周岁，具备限制民事行为能力，法院征询了他本人的意见。在法官面前，孩子沉默了半天才说，名字是自己和妈妈一起查字典改的，自己也喜欢更改后的姓名，愿意叫"章浩羽"这个名字。于是，法院判决驳回了赵先生的诉请，认为孩子更名为"章浩羽"符合法律规定。

法律分析

父母作为子女的监护人，在确定子女的姓名时，应该从子女的利益出发，并尽可能地考虑他们的意志，维护子女的姓名权。最高人民法院在《关于人民法院审理离婚案件处理子女抚养问题的若干具体意见》第5条中规定："父母双方对10周岁以上的未成年子女随父或随母生活发生争执的，应考虑该子女的意见。"由于10周岁以上的未成年人系限制民事行为能力人，具备一定的表达自己意愿的能力，所以从维护青少年合法权益的角度出发，在司法实践中，一般会考虑他们的意见。本案中孩子的年龄已超过了 10 周岁，应考虑其本人的意见。孩子自己同意更名为"章浩羽"，并不违反法律规定。

《婚姻法》规定，父母均享有子女随其姓的权利，但对子女个人来说，其姓名一般是出生后由父母双方协商一致而确定的，因此，当父母离婚后，也应当经过双方协商后再更改子女的姓名，这样的做法才与《婚姻法》提倡的婚姻家庭关系平等原则相一致。而且，未满 10 周岁的孩子因生理、心理方面的不成熟，在表达自身意志方面尚存在一定的障碍，甚至于自身的意志都并未真正形成，应由父母的合意来代替其自身的意志，行使民事权利。这种权利行使方式是基于父母子女之间的亲属身份关系而产生的，此时父母双方可以共同给子女取名、更名，而且双方的权利是平等的。在子女未获得表意能力之前，父母一方擅自变更子女姓名的行为，实际上违反了父母在决定孩子姓名权问题上的平等原则。

从根本上说，父母一方擅自变更子女的姓名，侵犯的是另一方基于姓名而享有的对子女的亲权。

1. 未成年人变更姓名。

（1）前置条件及要求。未满 18 周岁的公民，有下列情况之一的可以变更姓名：①由乳名改学名；②因父母离异更名；③再婚子女更名；④因收养关系成立更名；⑤因收养关系终止恢复收养前姓氏；⑥同校或同班学生重名。

未成年人更名由父母或收养人、监护人提出书面申请及相关证明材料在户籍所在地公安办证中心申报。离婚子女申请更名的，须经父母双方同意；再婚子女申请随继父（母）姓的，须经其生父（母）同意。

（2）申报材料。①《变更更正户口项目申请表》；②居民户口簿（原件和复印件）；③居民身份证（16 周岁及以上人员提供原件和复印件）；④父母亲的结婚证和身份证（原件和复印件）；⑤父母亲的离婚证（父母离婚的出具。父母离婚后子女变更姓名需父母双方到场签字同意；如果双方不能同时到场由公证机关出具父母同意变更子女姓名的公证书）（原件和复印件）；⑥父（母）死亡证明［父（母）死亡的出具］；⑦收养证或解除收养关系证明（收养或解除收养关系更名的出具）；⑧亲属关系证明（原件和复印件）。

2. 成年人变更姓名。

（1）前置条件及要求。18 周岁（含 18 周岁）以上的人员，要变更现有姓名时，应适当加以控制，没有充分理由，不应轻易给予更改。

有下列情况之一的可以变更姓名：①由冷僻字、繁体字更改为简化字；②随父或随母姓［含有抚养关系的继父（母）］；③恢复原户籍登记机关登记并使用过的姓名；④因收养关系成立更名；⑤因收养关系终止恢复收养前姓氏的；⑥公民出家或者出家人还俗，变更为法名或者原姓名的。

成年人更名应由本人向户籍登记机关提出申请。

（2）申请材料。①《变更更正户口项目申请表》；②居民户口簿和居民身份证（原件和复印件）；③公安机关出具无违法犯罪记录的证明（原件）；④国有单位人员由县级以上人事部门出具同意变更姓名的证明（原件和复印件）；非国有单位人员由档案管理部门出具同意变更姓名的证明；无职业人员出具无职业证明（含待业证、失业证、下岗证）（原件和复印件）；⑤亲属关系证明（随父或随母姓的出具）（原件和复印件）；⑥原户籍登记机关证明（恢复原姓名的出具）（原件）；⑦收养证或解除收养关系证明（收养或解除收养关系更名的出具）（原件和复印件）；⑧县级以上民族宗教事务管理局出具出家或还俗的证明（出家或还俗的人员出具）（原件和复印件）；⑨根据申请理由提供其他必要的证明材料。

3. 具体的程序。想改名者到户籍所在地的公安分局户政窗口，领取申请表格，并提供所需资料，经审批后即可改名。

法 律依据

《户口登记条例》第17条："户口登记的内容需要变更或者更正的时候，由户主或者本人向户口登记机关申报；户口登记机关审查属实后予以变更或者更正。

户口登记机关认为有必要的时候，可以向申请人索取有关变更或者更正的证明。"

第18条："公民变更姓名，依照下列规定办理：

（一）未满18周岁的人需要变更姓名的时候，由本人或者父母、收养人向户口登记机关申请变更登记；

（二）18周岁以上的人需要变更姓名的时候，由本人向户口登记机关申请变更登记。"

27 离婚后发现孩子不是自己的，能否要求对方赔偿？

典 型事例

2004年10月，吴丽与郭纲登记结婚，2008年7月吴丽怀孕并于2009年4月生下一儿子。2009年7月，吴丽以"感情彻底破裂"为由向郭纲提出离婚，双方经协商后自愿离婚并办理了离婚手续。在办理离婚手续时，郭纲出于对孩子利益考虑，希望不要因为父母离婚给孩子造成伤害，同时又考虑到离婚后吴丽只身一人抚养孩子的处境，同意全由吴丽一人起草离婚协议书，并顺利地在离婚协议上签了字。吴丽起草的这份离婚协议书中这样约定：①离婚后，儿子由吴丽抚养。郭纲每个月要承担1500元抚养费，孩子上学后，有关孩子的学习、生活等重大开支，双方各自承担50%，此协议自生效之日起开始执行，直到孩子能够自立生活为止。②二人财产按共同拥有的10万元计算，郭纲所分得的5万元全部作为离婚后孩子的养育费用，由吴丽保管，其他财产无须处理。③离婚后，各自解决自己的住房问题，郭纲拥有对孩子每月3次的探视权，逢国家规定的重大节日，二人各自拥有孩子50%的探视权利。自协议生效之日起，双方不得以任何借口剥夺对方的权利，若遇到特殊情况，双方再协商解决。

然而，吴丽和郭纲离婚后，情况并没有像离婚协议书中约定的那样，吴丽以种种借口阻挠郭纲，不让郭纲探视孩子，破坏了当初在离婚协议书中所约定的郭纲对孩子的探视权利，双方因此多次发生争执。

2012年11月，吴丽终于在没有理由推诿的情况下向郭纲说出了实情，说这个孩子根本不是郭纲的亲生孩子，郭纲坚决不相信，于是双方去医院做了亲子鉴定。鉴定结果和吴丽所说的一致，郭纲不是这个孩子的生物学父亲。

郭纲在得知这一鉴定结果后，犹如晴天霹雳，而后向法院起诉，要求吴丽承担精神损害费，并要求吴丽返还对孩子所有的抚养费（包括在离婚协议中规定的5万元）。

第一种意见认为：根据我国《婚姻法》和《婚姻法司法解释（一）》中的相关规定，所谓离婚案件中的精神损害赔偿是指只有符合法定的四种情形之一的，才可以在离婚诉讼中提出赔偿：①必须是合法婚姻关系中的无过错方；②必须是由于对方的过错导致离婚的；③必须在离婚时提出，即离婚才能提起赔偿，赔偿必须在离婚的前提下提出，只提赔偿不提离婚的，人民法院不予受理；④必须是针对合法婚姻关系中的过错方，不能向第三方提出损害赔偿要求。

那么，在本案中，是不存在法定的四种情形之一的，而且也不是在离婚时提出的，郭纲提出精神损害赔偿没有法律依据，不予支持；返还对孩子的所有抚养费和延误生育权的损失费，也没有法律依据；对于离婚协议书中规定的5万元的抚养费和原本属于共同财产的一套房子，二人已在离婚时协议约定"其他财产无须处理"。因此都不予支持该诉讼请求。显然，第一种意见是不支持郭纲任何诉讼请求的。

第二种意见认为：郭纲的精神损害赔偿应该予以支持，因为这是一起特殊的侵权案件，最高人民法院《关于确定民事侵权精神损害赔偿责任若干问题的解释》适用于本案；关于返还对孩子的所有抚养费和离婚协议书中规定的5万元的抚养费，应该予以支持，因为郭纲对孩子抚养属于无效的民事法律关系，郭纲与孩子既非父子关系、亦非养父子关系、更非继父子关系，但郭纲却一直在行使着父母子女间的权利和义务，这种结果完全是因吴丽的过错造成的。

法院最终采纳了第二种意见，支持郭纲所有诉讼主张。

法律分析

在一般情况下，侵权行为人承担赔偿损失的民事责任，本案中的行为人（吴丽）主观上有过错，违反了《婚姻法》中关于一夫一妻的婚姻制度和夫妻间相互忠实义务的规定。

首先，吴丽在婚姻关系存续期间与他人通奸生下私生子，这一事实无可辩驳。根据《婚姻法》第2条第1款和第4条规定，通奸是违反法律和社会道德的不正当两性行为，是与一夫一妻制不相容的，对婚姻家庭的稳定和睦和社会安定团结及社会道德风尚产生不利影响，为法律所禁止。

其次，吴丽违反《婚姻法》中关于父母子女间的权利和义务关系的规定，侵犯了郭纲的亲子权和男性生育权。吴丽从其与他人通奸怀孕、生子、离婚，直至亲子鉴定之前，在近4年的时间里，一直在欺骗郭纲、隐瞒事实真相，致使郭纲遭受其蒙骗。在法律上，郭纲与这个孩子原本既非亲父子关系，亦非养父子关系，但却一直在行使着父母子女间的权利和义务，这一切均是吴丽采取欺诈的手段强加于郭纲的。

最后，吴丽违反了《民法通则》有关知情权的规定并直接影响民事法律行为的效力。本案中，吴丽从其怀孕之初起，就应当告知其腹中孩子不是郭纲的，应当如实向其坦白，但是吴丽却一直隐瞒该事实真相，在离婚时，竟以欺诈的手段，使郭纲误以为孩子为自己的亲生儿子，在违背郭纲真实意思的情况下达成了离婚协议关于子女抚养的约定，应认定为无效民事法律行为，该离婚协议书中关于财产分割和抚养费的约定无效（见《民法通则》第4条、第55条和第58条的规定）。

从本案来看，吴丽所实施的侵权违法行为与其所造成的损害事实之间存在着法律上的、内在的、必然的联系，而郭纲作为受害的一方是应该予以支持的。

28 离婚后孩子惹祸了，谁来承担责任？

典型事例

刘丽和钱军在前年离婚了，离婚时协议7岁的儿子亮亮跟着刘丽一起生活。去年夏天，刘丽上班去了，独留亮亮在家玩耍。一人在家，亮亮玩起了火柴，一不小心点燃了厨房里的柴火，紧挨着刘丽家厨房的是老张家的仓库。眼见火势越来越大，亮亮吓呆了，边冲出房子边大喊"救火"。虽然村民赶来灭火，但是老张家的仓库仍然被烧掉一半，损失大约8000元。老张向刘丽索赔，可是刘丽家的情况实在困难，根本没钱赔偿。老张转念一想，可以向钱军追讨这笔钱，可是钱军却认为，虽然肇事的是儿子亮亮，可是离婚后亮亮的监护人是刘丽，因此应该由刘丽赔偿，找他赔偿是"没有理由的"。那么，老张的损失该由谁来赔偿？

法津分析

亲权是父母对未成年子女的身心抚养教育、监护和财产管理的权利。父母对子女的亲权是基于血缘关系产生的，是与生俱来的、不可消灭的一种资格，即使父母离婚之后，父亲和母亲对于不归他们抚养的孩子也仍然享有亲权。

《婚姻法》第36条第1、2款规定："父母与子女间的关系，不因父母离婚而消除。离婚后，子女无论由父方或母方抚养，仍是父母双方的子女。离婚后，父母对于子女仍有抚养和教育的权利和义务。"

最高人民法院《关于贯彻执行〈中华人民共和国民法通则〉若干问题的意见（试行）》（以下简称《民通意见》）第21条："夫妻离婚后，与子女共同生活的一方无权取消对方对该子女的监护权。但是，未与该子女共同生活的一方，对该子女有犯罪行为、虐待行为或者对该子女明显不利的，人民法院认为可以取消的除外。"

《民通意见》第158条规定："夫妻离婚后，未成年子女侵害他人权益的，同该子女共同生活的一方应当承担民事责任；如果独立承担民事责任确有困难的，可以责令未与子女共同生活的一方共同承担民事责任。"

由此可见，法律既没有免除未与子女共同生活的一方父母对于子女致人损害的民事责任，同时又规定了与子女共同生活的一方父母应该优先承担该民事责任。也就是说，未与子女共同生活的一方承担的是一种补足责任。

结合本案例，亮亮的监护人刘丽无力独立承担民事责任的时候，可以责令钱军共同承担民事责任。

29 离婚后，继子女的抚养权该如何分配？

典型事例

刘秀茹与宋志强于 1998 年 9 月 2 日登记结婚。宋志强系再婚，刘秀茹结婚时带有一名非婚生女宋丹（1997 年 10 月 15 日出生）。婚后，刘秀茹于 1999 年 3 月 31 日生一女宋雯。婚姻关系存续期间，双方因性格不合及生活琐事经常发生矛盾，刘秀茹于 2009 年 10 月离家出走，双方分居至今。宋丹也一直随宋志强生活，由宋志强对其抚养教育。后刘秀茹诉至北京市通州区人民法院要求离婚，并要求抚养长女宋丹。宋志强答辩同意离婚，子女由谁抚养尊重孩子的选择。在审理中经征求宋丹、宋雯二人意见，均表示愿随宋志强一起生活。宋志强亦同意抚养宋丹、宋雯。

北京市通州区人民法院经审理认为：婚姻关系应以感情为基础，刘秀茹因婚后与宋志强性格不合等原因，自 2009 年长期离家不归，双方分居多年，夫妻感情确已破裂。现刘秀茹要求离婚，宋志强亦同意离婚，本院准许。对于子女抚养问题，应本着有利于子女身心健康和保护子女合法权益的原则处理。因刘秀茹对子女长期不尽抚养义务，宋丹又表示愿意由宋志强抚养，根据子女意见和宋志强的意见，宋丹、宋雯由宋志强抚养为宜。

最终法院准予刘秀茹与宋志强离婚；宋丹、宋雯由宋志强抚养，自 2010 年 9 月起刘秀茹每月给付宋丹、宋雯抚育费各 100 元，至宋丹、宋雯 18 周岁止。

法律分析

本案主要涉及离婚后继子女抚养的三个法律问题：一是继父母与继子女形成父母子女权利义务关系的条件；二是继父母继子女间的权利义务与父母子女间权利义务的关系；三是继父母离婚时，对继子女应由谁抚养的确定。

1. 继父母与继子女形成父母子女权利义务关系的条件。一般来说，继父母继子女关系是由于父母一方死亡，另一方带子女再婚，或者是父母离婚，抚养子女的一方或双方再婚形成的。非婚生子女与生父或生母的配偶的关系，也是继父母和继子女的关系。妻与前夫或夫与前妻所生的子女是继子女，母之后夫或父之后妻是继父母。

继父母与继子女之间并不必然产生父母子女间的权利义务关系，只是继父母与继子女之间形成抚养教育关系，他们之间才产生与父母子女间的权利义务关系一样的关系。如果继父母继子女间没有形成抚养教育关系，他们之间便不产生父母子女关系。但是，我国立法对如何认定抚养教育关系的成立没有作具体规定，在审判实践中，应当具体案件具体分析，通常在以下两种情况下可以认定为抚养教育关系成立：①继子女与继父母长期共同生活，继父或继母负担了继子女生活费和教育费的一部或全部，继子女受继父或继母的抚养教育；②继子女的生活费和教育费虽主要由生父或生母负担，但与继父或继母长期共同生活，继父或继母对继子女进行了生活上的照料和教育。本案中，在宋丹生母刘秀茹与其继父宋志强结婚的十几年中，及其生母离家出走的几年中，其继父宋志强承担起了抚养教育宋丹的义务，他们之间形成了抚养教育关系，产生了父母子女间的权利义务。

2. 继父母和继子女间的权利义务与父母子女间权利义务的关系。《婚姻法》第27条规定："继父母与继子女间，不得虐待或歧视。继父或继母和受其抚养教育的继子女间的权利和义务，适用本法对父母子女关系的有关规定。"

可见，形成抚养教育关系的继父母继子女间的权利义务，应当等同于父母与子女间的权利义务。据此，继父母离婚后对与之形成抚养教育关系的继子女享有抚养权是不言而喻的；对应的，继子女可以选择要求亲生父或母抚养，也可以要求继父或继母抚养。

3. 继父母离婚时，继子女由谁抚养的确定。《婚姻法》第27条对继父母和受其抚养教育的继子女间的权利义务，作了适用《婚姻法》对父母子女关系的明确规定。最高人民法院《关于人民法院审理离婚案件处理子女抚养问题的若干意见》第13条规定："生父与继母或生母与继父离婚时，对曾受其抚养教育的继子女，继父或继母不同意继续抚养的，仍应由生父母抚养。"根据这一规定，可以明确继父母离婚时，继子女既可以由生父或生母抚养，也可以由继父或继母抚养，只是在继父或继母不同意抚养的情况下，才应由生父或生母抚养。在审判实践中，应当严格按照《婚姻法》及最高人民法院《关于人民法院审理离婚案件处理子女抚养问题的若干意见》中关于子女抚养的有关规定，从有利于子女身心健康，保障子女的合法权益出发，结合继父母双方的抚养能力和抚养条件等具体情况妥善解决。本案宋志强与刘秀茹离婚时，判决宋丹由继父宋志强抚养，是因为宋丹长期受宋志强的抚养教育，双方已经形成抚养教育关系，且刘秀茹离家出走对宋丹不尽抚育义务，母女感情已经疏远，宋丹一直由宋志强抚养教育。在宋志强与刘秀茹离婚诉讼中，宋丹提出要求由宋志强抚养，不同意由其生母抚养，宋志强也表示愿意抚养宋丹，故宋丹由宋志强抚养比较有利。从保护宋丹的合法权益及有利于其身心健康成长出发，法院最后判决宋丹由宋志强抚养是恰当的。

值得注意的是，在处理此类案件时，必须切实查明继父母继子女之间的抚养教育关系，真正做到有利于继子女的身心健康和保护其合法权益，尤其是在继父母继子女性别不同的情况下，更要慎重处理。

30 对于"婚内强奸"，法律持什么态度？

典型事例

12 年前，在小学当老师的黄女士与个体户张先生结婚了，婚后夫妻感情生活尚可，但不知为何，一直未有小孩，二人也曾一起到医院看医生，吃了不少中、西药，但黄女士就是一直未怀孕。婚后 6~7 年间，丈夫因生意上原因，社会上应酬慢慢多了，接触的女性也多了。虽平时有一些朋友说其丈夫在外与一些"不三不四"的女人混在一起，但她不太介意，一来自己未能怀孕为其丈夫续延"香火"而深感内疚，二来自己是老师，为人师表，所以她采用忍声吞气的态度。但想不到，丈夫却变本加厉，每晚都很迟回家，有时甚至不回家住。黄女士一说他，他就大吵大闹，有时还打黄女士。于是，慢慢地，他们的感情生活亮起了"黄灯"。

终于在婚后的第八个年头，有一天，一位约 24 岁的姑娘找上门来，称其已有张先生的"骨肉"，要黄女士"让位"。黄女士一气之下，怒发冲天，与姑娘揪打起来。事后，姑娘不幸流产了。

后来，面对亲戚朋友施加的压力，张先生写了保证书，并给姑娘8万元，终于了结此事。

但张先生自此似乎心有怨气，总是无事找事吵架，黄女士白天要授课，晚上回到家要煮好饭服侍张先生，还要受他的气，于是更感到心力疲惫。一次吵架中，张先生撕破黄女士的衣服，并不顾黄女士正来"例假"的抵抗，强行发生性关系，并伴有报复性暴力侵犯。事后，为保面子，"家丑不外传"，黄女士只是忍气吞声。但丈夫自此似乎舔到"甜头"，一发不可收拾，每周总有2~3次"霸王强上弓"。面对丈夫的性暴力，一想到丈夫以前在外的艳事，黄女士还是"忍"字当头，不敢对外声张，有好几次曾想到去死。

法律分析

"婚内强奸"，指的是婚姻关系存续期间，丈夫采用暴力、胁迫或者其他手段，违背妻子的意志，强行与妻子发生性关系的行为。在我国，"婚内强奸"更是一个极为敏感的话题，法律目前对此尚无明确规定。《婚姻法》修改过程中，"包二奶"、离婚过错赔偿、家庭暴力、夫妻财产制、离婚条件等社会反响比较强烈的问题均在条文中给出了说法，但同样为公众所关注的婚内强奸问题却未有涉及。我国传统刑法理论认为，"强奸罪"是指以暴力、胁迫或者其他手段，违背妇女意志，强行与妇女发生性关系的行为。从犯罪构成来说，强奸罪的主体只能限于男子。那么，丈夫能否成为强奸罪的主体？刑法条文是个空白，最高人民法院在关于审理强奸案件有关问题的司法解释中也有意无意地回避了这一问题。很显然，法律对此未置可否是导致司法机关处理这类案件时陷于两难境地的内在原因，对"婚内强奸"的起诉，不同地方的法院也有作出迥异的判决。

　　我国《民法通则》、《婚姻法》中规定的夫妻权利和义务都是建立在平等、自愿的基础上的,《妇女权益保障法》等法律都体现了保护妇女合法权益的思想,妇女的性权利应受到法律的保护。法律给予夫妻在婚内进行性行为的自由,而没有给予其强迫另一方进行性行为的自由。然而,只有合法婚姻关系的性行为才是合法的,但在合法婚姻关系中也有非法性行为的存在,这就是虐待、暴力行为等。

　　对婚内强奸的认识有两个问题:①时间问题,即如何认定夫妻关系,这是婚内强奸与一般强奸的主要区别;②强奸所采用的手段,暴力、胁迫以及其他方法的强度是不同的,如何界定它们是认定婚内强奸的难点之一。

　　夫妻关系的成立有两种情况,一是依照法律相关规定,双方自愿、合法登记并领取结婚证时,夫妻关系成立;二是事实婚姻,即符合结婚实质条件的男女双方,虽没有到民政部门登记、领取结婚证,但考虑双方是以共同生活、互相照顾为目的,自愿同居且有性行为发生,法律对此按婚姻关系成立论。第一种情况是以法律规定的形式予以确认,第二种情况是以婚姻的实质条件予以认定。以实质关系认定婚姻关系的成立更符合婚姻的本质,更具有合理性。

　　婚内强奸与一般强奸的主要区别在于婚姻关系的存在,而婚姻的存在对强奸行为的认定会产生很大的影响,因为婚姻对性行为具有一定的承认力,即婚姻对性行为的一般方式具有保护作用,如双方互相打情骂俏,或妻子表面不肯发生性行为,但心里希望丈夫与其发生性行为,在拒绝方式上就不那么强烈,或妻子心情不好时被迫发生性行为,但事后并没有完全责怪丈夫,并且又发生了性行为等等,在这些情况下就不宜认定为强奸行为。但是,当性行为的方式明显超过法律对性行为的保护方式时,就会出现犯罪,如妻子因某种原因不愿与丈夫继续共同生活,拒绝与其进行性行为，在这种情况下，丈夫明知妻子不愿与其发生性行为，却执意与妻子性行为，并且使用暴力手段排除反抗，这应当认定为婚内强奸。

堪称婚内强奸案"始作俑者"的当属王卫明。被告人王卫明与被害人钱某于 1993 年结婚，婚后王卫明逐渐暴露本性，故夫妻之间逐渐产生矛盾，矛盾越来越大，争吵越来越多，最终导致感情破裂，于 1997 年 10 月 8 日，上海市青浦县人民法院应王卫明离婚之诉判决准予离婚，但判决书尚未送达当事人。就在这期间，被告人至钱某处拿东西，见钱某在收拾东西，便提出性交的要求，钱某不允，王卫明便使用暴力强行与钱某性交，且致使钱某的胸部、腹部等多处地方被咬伤、抓伤等。上海青浦县人民法院经审理后认为，被告人王卫明主动起诉，请求法院判决解除与钱某的婚姻关系，法院一审判决准予离婚后，双方对此均无异议，两人均已不具备正常的夫妻关系，在此情况下，被告人王卫明违背妇女意志，采用暴力手段，强行与钱某发生性关系，其行为已构成强奸罪，应依法惩处。公诉机关指控被告人王卫明的犯罪罪名成立。1999 年 12 月 21 日，青浦县人民法院依照《刑法》第 236 条第 1 款、第 72 条第 1 款的规定，以强奸罪判处被告人王卫明有期徒刑 3 年，缓刑 3 年。一审宣判后，被告人王卫明服判，未上诉。这是新刑法实施以来上海判决的首例婚内强奸案。

2000 年的 3 月 23 日，四川省南汇县法院对一起类似上海青浦的"婚内强奸"案作出了被告人被指控的罪名不成立的一审判决。

两个典型案例，不仅社会反响强烈，媒体关注有加，而且其中蕴涵的复杂的法律问题，也让司法机关颇费脑筋。案情基本一样，但判决结果迥然有异，实际上从一个层面折射出法院在认定婚内强奸问题上的两难选择。

中国法院网明确指出，婚内强奸是家庭性暴力行为，集中体现了男权文化对妇女所实施的歧视与摧残。对于婚内强奸问题，我们只能遗憾的等待立法部门尽快出台相关法律，维护广大妇女的权益。

31 离婚后发现一方隐瞒财产，可以再次提起诉讼吗？

典型事例

刘彩霞与丈夫李林生活多年后，终因感情不和无法继续生活而走上了法庭。2008 年 10 月 30 日，法院判决二人离婚，对子女抚养及财产达成协议，并在庭外以协议书形式分割其婚姻期间的价值 10 万余元的房子与土地。离婚后，两人都开始了新的生活。然而，各自再婚不久，两人却再次对簿公堂。

原来，离婚后，刘彩霞从朋友处得知李林离婚前在建行购买了基金，并且在银行存有定期存款。刘彩霞非常恼火，感觉被骗了，一怒之下再次将李林告上法院。刘彩霞诉称，原、被告 2008年诉讼离婚，在诉讼中被告李林故意隐瞒了自己在银行的存款及购买的基金共计 8.5 万元，现要求依法平均分割，分得现金 4.25 万元。

离婚后还被前妻告上法院索要财产，李林也非常恼火，辩称自己没有隐瞒行为，基金是为儿子买的，存款一部分是自己的打工的收入，一部分是借朋友的现金，更何况双方离婚时已经自愿达成协议，所以法院应驳回原告的诉讼请求。

法律分析

司法实践当中类似离婚双方隐瞒夫妻共同财产的情况现在不少见，当事人主要是从共同利益来考虑，造成这类现象主要心理：

①法律认可法定离婚的效力，不论是登记还是诉讼方式。至于有多少财产、财产自己如何分割或者是采取何种方式分割，应该由当事人自主决定。自己协商解决，不张扬，属于对自己财产隐私权的自我保护。②对于一些异常暴发户来讲，如果当事人向法庭提供全部家产，将会招致轻则税务的追查，重则会"惹"上巨额财产来历不明罪之嫌疑，故双方攻守同盟，"离婚不离财"。③减少缴付一笔较大数额的诉讼费，也是当事人共同的考虑目的。夫妻虽然离开婚姻殿堂，但是"理智"促使大家不再伤害，能省则省。

对夫妻共同财产，离婚时原则上应当均等分割。根据生产、生活的实际需要、财产的来源等情况，由双方协议处理，协议不成时，由人民法院根据财产的具体情况，按照照顾子女和女方权益的原则判决。

然而，在现实生活中，由于女方无法掌握男方的财产信息和家庭共同财产信息，男方在离婚前转移、隐匿财产等情况，导致妇女人财两空、权益严重受损的情况较为普遍。因此，我国《婚姻法》第47条规定："离婚时，一方隐藏、转移、变卖、毁损夫妻共同财产，或伪造债务企图侵占另一方财产的，分割夫妻共同财产时，对隐藏、转移、变卖、毁损夫妻共同财产或伪造债务的一方，可以少分或不分。离婚后，另一方发现有上述行为的，可以向人民法院提起诉讼，请求再次分割夫妻共同财产。"

因此，夫妻一方即使在离婚以后，如果发现对方在离婚时存在隐瞒夫妻共同财产的行为，也有权要求再次分割该共同财产。值得注意的是，要求再次分割共同财产不能超过两年诉讼时效。《婚姻法司法解释（一）》第31条规定："当事人依据《婚姻法》第四十七条的规定向人民法院提起诉讼，请求再次分割夫妻共同财产的诉讼时效为两年，从当事人发现之次日起计算。"

《婚姻法司法解释（二）》第 8 条规定："离婚协议中关于财产分割的条款或者当事人因离婚就财产分割达成的协议，对男女双方具有法律约束力。当事人因履行上述财产分割协议发生纠纷提起诉讼的，人民法院应当受理。"当事人以原夫妻共同财产已达成协议为由，请求法院依法确认分割协议书有效。人民法院可依据协议的实际情况，结合协议的意思是否表示真实，在没有发现一方以欺诈、胁迫的手段或者乘人之危，使对方在违背真实意思的情况下所为的，人民法院应当认可协议的效力。本案中，由于李林在离婚时存在故意隐瞒其他财产的行为，故法院没有认可当初离婚时签订协议的全部效力。刘彩霞在离婚后得知前夫确实隐瞒了存款、工资收入和经营的基金产品，及时提起诉讼要求分割，得到了法院的支持。

32　离婚时一方生活困难，能否要求经济补偿？

典型事例

刘秀于 1998 年与李虎结婚。刘秀操持家务，李虎经商，次年生一女。从此二人经常争吵，于 2001 年因感情不和而离婚。李虎有两套住房，皆是婚前财产。婚姻期间李虎经商所得，刘秀一无所知，法院也无法查清。法院本着照顾子女和女方的原则，判决婚生女儿（因年龄小）由刘秀抚养，李虎支付抚养费每月 500 元至女儿满 18 周岁时止；另李虎以一套住房的使用权、每月生活费帮助刘秀至其再婚时止。

法津分析

《婚姻法》第 42 条规定："离婚时，如一方生活困难，另一方应从其住房等个人财产中给予适当帮助。具体办法由双方协议，协议不成时由人民法院判决。"这一制度不以一方付出较多义务为前提，亦不以一方具有过错为前提，而是以一方生活困难为前提。这是扶贫济困的道德准则在婚姻家庭关系中的要求，是夫妻间互相扶养义务在离婚时的延伸，这在一定程度上可以减轻因离婚带来的消极后果，也是保护妇女合法权益原则的必然要求。

这里的生活困难是指依靠个人财产和离婚时分得的财产无法维持当地基本生活水平或离婚后没有住处的情况，不是指为了更好地生活而存在的相对困难，是与周围群众相比，而不是与婚前或双方相比而言的。帮助的形式可以是给付一定数额的金钱帮助，也可以是给付住房帮助；金钱可以一次性给付，也可以分期给付。住房方面的帮助，根据帮助方实力，可以无偿居住，也可以有偿居住，还可以转移房屋所有权。

1. 所谓一方生活困难，主要是指依靠个人财产和离婚时分得的财产无法维持当地基本生活水平。具体地讲包括下列几种情形：①离婚后无住处的；②有残疾或患有重大疾病，完全或大部分丧失劳动能力，又没有其他生活来源的；③因客观原因失业且收入低于本市城镇居民最低生活保障线的；④其他生活特别困难的情形。

生活困难的一方，要求对方给予适当帮助必须符合下列条件：①一方生活困难，确需帮助的；②另一方具有帮助的能力；③帮助的形式可以是住房，也可以是金钱，其中住房可以是房屋的所有权或者使用权；④接受帮助方没有再婚。

夫妻有相互扶养的义务，而离婚时一方对生活困难的另一方的帮助则是相互扶养义务的延伸，是对配偶或原配偶的扶助或资助。现代配偶扶养是双向的，丈夫在妻子需要扶养时有帮助的义务，妻子在丈夫需要扶养时也同样有帮助的义务。但实际上，由于妇女的经济能力一般低于其丈夫，需要扶养帮助的主要是离婚妇女。

2. 在判定是否应当给予帮助时必须考虑的因素主要有以下几点：

（1）各方的收入和财产。离婚时双方的财产和收入有较大的差异时，收入较高、财产较多的一方有较高的支付能力，则其应对另一方尽扶养帮助义务的可能性就较大。双方的财产和收入相差无几时，进行扶养帮助的可能性就较小。有时，也可将家庭共同财产的大部分分给各方面能力较弱的一方，以避免或减少其对配偶的扶养帮助的需求。

（2）各方的就业能力。双方目前和将来的就业能力是判定配偶扶养帮助必须考虑的重要因素。就业能力大大高于另一方的，就应考虑判定给付扶养帮助。如果是一方因年龄较大或有疾病丧失就业能力，或者因多年从事家务劳动耽误或放弃了提高其就业能力的受训机会，造成其就业能力大大下降的，法院就应当从公平原则考虑判决给付扶养帮助。

（3）抚养子女。对于在家抚养未成年子女的一方应得扶养帮助，使其不用全日工作、有时间在家照顾子女。当然其前提是不直接抚养子女的一方有支付能力。

（4）婚姻期间的生活水平。如果离婚一方收入较高或相当富有，有较高的支付能力使配偶维持原有的生活水平，就应当将原有的生活水平作为一个给付扶养帮助的因素来考虑。

（5）一方对另一方所做的贡献。如果一方在婚姻期间帮助另一方接受教育或培训，使其提高就业能力的，或者从事家务劳动，积极支持另一方的事业的，均可作为给付扶养帮助的考虑因素。

综合上述分析，本案中刘秀初中毕业，一直在家操持家务，无工作经验可言，就目前就业形势而言，难以找到工作、独立生活，同时对其丈夫的事业是有贡献的，其要求一定的扶养帮助是公平合理的，而李虎也具有帮助能力。

33 为逃避债务假离婚，真的可行吗？

典型事例

李啸于 2005 年娶袁丽为妻，婚后生有一女。夫妻二人在外打拼，日子过得颇红火。但后来，李啸在外投资失败，债台高筑，无力偿还。为躲避债务，两人决定假离婚，转移财产。2010 年 1 月，两人签订《离婚协议》，并办理了离婚手续，约定女儿由袁丽抚养，房屋等财产全部归袁丽所有，所欠一切债务由李啸负责偿还。离婚后，债主向袁丽主张债权，要求袁丽赔偿婚姻存续期间李啸所欠债务，袁丽以"离婚协议约定债务全部由李啸承担"为由拒绝履行债务。2012 年，债主向人民法院提起诉讼，要求李啸与袁丽共同偿还所欠债务。

法津分析

所谓夫妻共同债务包括以下几个方面：①婚前一方借款购置的财产已转化为夫妻共同财产，为购置这些财产所负的债务；②夫妻为家庭共同生活所负的债务；③夫妻共同从事生产、经营活动所负的债务，或者一方从事生产经营活动，经营收入用于家庭生活或配偶分享所负的债务；④夫妻一方或者双方治病以及为负有法定义务的人治病所负的债务；⑤因抚养子女所负的债务；⑥因赡养负有赡养义务的老人所负的债务；⑦为支付夫妻一方或双方的教育、培训费用所负的债务；⑧为支付正当必要的社会交往费用所负的债务；⑨夫妻协议约定为共同债务的债务；⑩其他应当认定为夫妻共同债务的债务。

《婚姻法》第41条规定："离婚时，原为夫妻共同生活所欠的债务，应当共同偿还。共同财产不足清偿的，或财产归各自所有的，由双方协议清偿；协议不成时，由人民法院判决。"由此可见，无论是通过行政程序还是诉讼程序离婚的，应当先以共同财产清偿债务。如债务人在离婚时先分割共同财产，对共同债务明确为一人偿还，而实际上义务人因无偿还能力，而使债务难以清偿，那么，这种民事行为就违背《婚姻法》第41条规定的债务清偿的程序和原则，且侵害了债权人合法民事权益。

根据《婚姻法司法解释（二）》第25条之规定，当事人的离婚协议或者人民法院的判决书、裁定书、调解书已经对夫妻财产分割问题做出处理的，债权人仍有权就夫妻共同债务向男女双方主张权利。如当事人通过行政程序已经"离婚"，并且分割了财产、未能偿还债务，或是确定债务由一人偿还，但义务人无偿还能力，债权人起诉要求清偿债务的，债权人有权向有履行能力方主张权利。如果当事人通过诉讼程序离婚，在离婚过程中分割财产，未清偿债务或隐瞒债务事实或明确债务由一方承担，但一方并无偿还能力，在债权人起诉后，人民法院应当用审判监督程序对财产问题进行再审。

综上可知，夫妻双方为了逃避债务的"假离婚"行为根本就不能逃避还债的义务。

34 无性婚姻，可以要求离婚吗？

典型事例

小赵（女）与小王（男）在2007年12月份经人介绍认识，于2008年8月份登记结婚，同年10月份，举行结婚仪式后，双方正式共同生活。在新婚期间，小王以筹备婚礼太辛苦为由，拒绝和小赵同房，之后，小王索性以工作忙为借口，直接和小赵分房。

结婚半年，两个人都没有同房，小赵的公公婆婆急着抱孙子，看着他们结婚半年多，都没有消息，常在她面前说一些影子话，让小赵有苦难言，心里觉得很委屈。小赵把这件事情告诉了自己的父母，双方的家庭掀起了轩然大波，在小赵父母的一再坚持下，全家一起陪同小王去医院做了检查，根据检查结果，小王有性功能障碍，没有生育能力，这个结果，小赵父母不能接受。出于照顾小王的面子，最终两人协议离婚。

那么，如果因为无性婚姻，一方请求法院判决离婚，法院会支持诉讼请求吗？

法 律分析

所谓无性婚姻，即夫妻间如果没有生理疾病或意外，却长达一个月以上没有默契的性生活，就是无性婚姻。无性婚姻也指男女双方在承诺不进行性生活的基础上结成夫妇关系。一些人因种种不可抗力造成性功能丧失，一些人心灵受过重大创伤，还有一些人先天无性，此外还有一些人根本对性就不感兴趣或只是希望组成形式上的婚姻……这样一些人群自愿组成婚姻，也叫无性婚姻。

随着社会经济的发展，人们婚恋观念逐渐开放，从对夫妻性生活的讳莫如深到现在提倡"性福"婚姻，人们对婚姻质量要求的提高，也是社会文明进步的标志。而越来越多的夫妻，不再愿意受"无性婚姻"的折磨，在协议离婚不成的情况下，而提出离婚诉讼，虽然有相关的法律规定对于"无性"婚姻，一方可以提出离婚，人民法院也可以由此认定夫妻感情破裂，判决双方离婚，但是法院在司法实践中，对这种情况的认定还是相当严格的。

根据《婚姻法》及其司法解释的规定，感情破裂是人民法院判决是否准许离婚的法定条件之一，夫妻感情破裂的标准是：①婚前基础：男女双方如何认识，什么时间认识，通过什么方式认识，双方认识的时间长短；②婚后感情：男女双方结婚以后，在婚姻关系存续期间，对男女双方的喜好、性格，相互之间的是否了解，是否经常存在吵架、斗气，或生理上的原因等；③看离婚原因：男女双方结婚后，难免有生活、工作上的事情，使本来感情很好的双方，因某一件事如双方父母原因、第三者插足导致婚外恋、因性格不合、男女双方异性朋友交往方面等产生矛盾；④有无和好可能：根据以上三个标准，综合判断，因什么事情导致双方感情破裂，选择适当方式，促成男女双方有和好可能，经过调解无效，应当认定男女双方感情已破裂。

《婚姻法》第32条第2款规定："人民法院审理离婚案件，应当进行调解；如感情确已破裂，调解无效，应准予离婚。"这一规定将夫妻感情确已破裂作为我国离婚制度中判决离婚的法定理由，是人民法院处理离婚纠纷，决定是否准予离婚的基本原则。

那么以"无性婚姻"为由提出离婚的一方，在诉讼过程中要做那些准备工作呢？首先，要掌握一方存在生理缺陷的证据。这类证据原则上是医疗机构的诊断证明及各项检验报告书。当然，这类证据的取得，需要有缺陷一方去医院检查为前提。其次，取得一方对自身存在生理缺陷的自认。这类证据的取得需要对方自己承认存在生理疾病，自己存在隐瞒病情的行为，并且该疾病通过治疗不能好转或痊愈，关于证据形式可以是双方的谈话录音，也可以是手机短信、邮件等形式。

综上所述，如果法院在审理的过程中，认为无性婚姻确实是夫妻双方感情破裂的重要因素，那么法院还是会判决离婚的。

35 子女抚养费的计算标准是什么？

典型事例

廖某与吴某于 2002 年登记结婚。次年，廖某和吴某生下女儿。后因感情不和，于 2007 年 1 月签订离婚调解协议，约定女儿由吴某负责抚养，廖某则从该年的 2 月起每月支付 200 元抚养费，至女儿 18 岁止。但自两人分道扬镳后，廖某却从未支付过小孩抚养费。2013 年 7 月，吴某在多次讨要无果的情况下，向大埔法院申请执行小孩抚养费，廖某声称没有钱支付抚养费，并拒绝签收任何法律文书。后因廖某没有可供执行财产，在征得吴某同意后，案件延期执行。2014 年 4 月，吴某再次向法院申请执行，称廖某现有固定职业，完全有能力支付每月 200 元的小孩抚养费。经法院执行法官查证，廖某在高陂镇某商品房售楼部上班，每月有固定收入。由于廖某拒绝履行生效法律文书所确定的义务，执行人员反复劝说后依然无效，法院遂依法对廖某做出拘留 15 天的决定。两天后，在廖某支付了拖欠的部分抚养费并制定了履行计划后，法院遂依法决定提前解除对廖某的拘留。

法律分析

离婚后子女的抚养费如何承担？如何计算离婚子女抚养费？

离婚后一方抚养的子女，另一方应负担必要的生活费和教育费的一部或全部，承担费用的多少和期限的长短，由双方协议；协议不成时，由人民法院判决。

1. 关于子女抚育费的数额的确定。首先由父母双方协议，协议不成时，由人民法院判决，无论是协议还是判决，都应以三个方面的因素为确定依据：一是子女成长的实际需要；二是父母双方的实际承担能力；三是当地的实际生活水平。即使是父母双方协议子女随一方生活并由抚养方负担子女全部抚育费，法院也应查实双方是否符合上述依据，否则，影响子女健康的应不予准许。确定子女抚养费有以下三种具体的计算方法：第一，有固定收入的，抚育费一般可按其月总收入的20%～30%的比例给付，承担两个以上子女抚育费的，比例可适当提高，但一般不得超过月总收入的50%；第二，无固定收入的，抚育费的数额可依据当年总收入或同行业平均收入，参照上述比例确定；第三，有特殊情况的，可适当提高或降低上述比例。

2. 关于子女抚育费给付的方式。子女抚育费可以采取以下的给付方式：一是定期给付和一次性给付。可依父母的职业情况而定，原则上应定期给付，这主要是指有固定收入或虽无固定收入，但每月都有相当收入的父或母，应按月给付；从事农业生产或收入较高的父母，可按季或年给付；特殊情况下，也可一次性给付，如当事人有充分的经济能力，有条件一次性给付的；对于涉外、涉华侨、涉港澳台同胞的离婚案件，对子女的抚育费一般都做一次性给付的处理，以免日后发生执行困难。二是以物折抵。这种方法主要适用于没有经济收入的一方或下落不明的一方。在这种情况下，按照确定的子女抚育费所要给付的数额，用归属于经济收入一方或下落不明一方的财物，以相当的数额，折抵抚育费，交付抚养子女的一方。

3. 关于子女抚育费给付的期限。子女抚育费给付期限包括原则期限和特殊期限两种。原则期限是指抚育费的给付一般至子女18周岁为止。16周岁以上不满18周岁，以其劳动收入为其主要生活来源，并能维持当地一般生活水平的，父母可停止给付抚育费。特殊期限，是指子女成年后，按父母的经济负担能力，仍要负担其抚育费，其停止期限视具体情况而定。下列成年子女的三种情况，即是特殊期限适用的前提条件：丧失劳动能力或虽未完全丧失劳动能力，但其收入不足以维持生活的；尚在校就读的；确无生活能力和条件的。具有上述特殊情况之一的子女，有负担能力的父母仍要负担其抚育费。

《婚姻法》第 37 条第 1 款规定，离婚后一方抚养的子女，另一方应负担必要的生活费和教育费的一部或全部，负担费用的多少和期限的长短，由双方协议；协议不成时，由人民法院判决。关于子女生活费和教育费的协议或判决，不妨碍子女在必要时向父母任何一方提出超过协议或判决原定数额的合理要求。

法 律依据

最高人民法院《关于人民法院审理离婚案件处理子女抚养问题的若干具体意见》第 7 条："子女抚育费的数额，可根据子女的实际需要、父母双方的负担能力和当地的实际生活水平确定。

有固定收入的，抚育费一般可按其月总收入的百分之二十至百分之三十的比例给付。负担两个以上子女抚育费的，比例可适当提高，但一般不得超过月总收入的百分之五十。

无固定收入的，抚育费的数额可依据当年总收入或同行业平均收入，参照上述比例确定。

有特殊情况的，可适当提高或降低上述比例。"

第 8 条："抚育费应定期给付，有条件的可一次性给付。"

第 9 条："对一方无经济收入或者下落不明的，可用其财物折抵子女抚育费。"

第 10 条："父母双方可以协议子女随一方生活并由抚养方负担子女全部抚育费。但经查实，抚养方的抚养能力明显不能保障子女所需费用，影响子女健康成长的，不予准许。"

第 11 条："抚育费的给付期限，一般至子女十八周岁为止。

十六周岁以上不满十八周岁，以其劳动收入为主要生活来源，并能维持当地一般生活水平的，父母可停止给付抚育费。"

第12条："尚未独立生活的成年子女有下列情形之一，父母又有给付能力的，仍应负担必要的抚育费：

（一）丧失劳动能力或虽未完全丧失劳动能力，但其收入不足以维持生活的；

（二）尚在校就读的；

（三）确无独立生活能力和条件的。"

36　父母死后，哥哥有义务抚养弟妹吗？

典型事例

王某一家兄妹三人，父母早亡，三人相依为命。年长的大哥很早就参加工作，养家糊口，不久，二哥也参加工作，家中只有年幼的妹妹尚读书。妹妹的成绩虽好，但学费问题，让两个哥哥决定让妹妹辍学去打工。在妹妹多次恳求未果的情况下，将哥哥送上法庭，请求支付自己的生活费和学费。问题：兄姐对未成年的弟妹是否有抚养义务？

法津分析

"长兄为父"是一种公序良俗，在特定条件下是一种法定义务。这种良俗和社会美德已经被吸收入我国的民事法律中，公序良俗原则是中国现行的民法原则之一。公序，指公共秩序，是指国家社会的存在及其发展所必需的一般秩序，"社会公共利益"在内涵与作用方面同"公共秩序"相当；良俗，指善良风俗，是指国家社会的存在及其发展所必需的一般道德，"社会公德"则与

"善良风俗"相当。

民法之所以规定公序良俗原则，是因为立法当时不可能预见一切损害国家利益、社会公益和道德秩序的行为而做出详尽的禁止性规定，因此设立公序良俗原则，以弥补禁止性规定的不足。如果遇到有损害国家利益、社会公益或社会道德秩序的行为，而又缺乏相应禁止性法律规定之时，法院可以直接依据公序良俗原则认定该行为无效。

我国《婚姻法》中明确规定，有负担能力的兄、姐，对于父母已经死亡或父母无力抚养的未成年的弟、妹，有抚养的义务。由兄、姐抚养长大的有负担能力的弟、妹对缺乏劳动能力又缺乏生活来源的兄、姐，有赡养的义务。因此，父母去世后，有负担能力的兄姐对未成年弟妹是需要履行抚养义务的。社会上存在着兄弟姐妹没有抚养义务的误区，认为兄弟姐妹之间的抚养纠纷只是社会问题。其实，这不光是社会问题，还是法律问题，受到我国相关法律调整。但是兄姐对弟妹的抚养义务是建立在兄姐有负担能力，弟妹尚未成年基础上的。

本案中，妹妹尚未成年，且父母均去世，具有负担能力的哥哥有抚养妹妹的法定义务。对于妹妹的生活费和学费，哥哥应当支付。所以，妹妹的诉讼请求法院一定会支持。

法津依据

《婚姻法》第 29 条："有负担能力的兄、姐，对于父母已经死亡或父母无力抚养的未成年的弟、妹，有扶养的义务。由兄、姐扶养长大的有负担能力的弟、妹，对于缺乏劳动能力又缺乏生活来源的兄、姐，有扶养的义务。"

37　父子关系可以解除吗？

典型事例

　　梁老汉早年与妻子离婚，儿子梁清随他生活。1999 年底梁老汉与邻村寡妇吴英结婚，育有一子梁长。2007 年 2 月，梁老汉病重，弥留之际，在病房里邀请两位律师在场见证立下口头遗嘱："我有四间平房，两个儿子每人两间。"老人去世后，梁清提出按父亲的遗嘱分割遗产，却遭到了继母吴英和弟弟梁长的阻挠，理由是梁老汉和梁清早年曾签有"解除父子关系协议"，认为既然父子关系早已断绝，就不应该再继承老人的遗产。

　　原来在 2005 年以前，梁清和父亲的关系一直不和，为了结束这种局面，父子俩自愿达成"解除父子关系协议"。双方约定：父亲不用儿子养老，儿子也不继承遗产。然而随着时间的推移，梁清父子俩的关系有所缓和，特别是梁老汉患病期间，梁清一直在父亲身边护理，还支付了大部分医疗费和丧葬费。

　　为维护自己的合法继承权，梁清将继母吴英和弟弟梁长告上了法庭，请求法庭支持其对两间平房和父亲的另一处房产（口头遗嘱中遗漏）的继承权。庭审中，吴英认为，"解除父子关系协议"系双方自愿达成，应属有效。而自己作为被继承人的妻子，也应享有继承权。法院经审理查明，被继承人虽然与吴英系夫妻关系，但两处房产仍应认定为梁老汉的个人财产。因此梁老汉病危时处理四间平房的口头遗嘱是符合法律规定的，但与梁清所签协议却于法无据。据此法院作出如下判决：梁老汉与原告签订的协议无效；梁清和梁长各继承房屋两间；吴英按法定继承口头遗嘱财产之外的两间瓦房。

法律分析

这是一起继承权纠纷案，涉及两个问题：一是自愿达成的"解除父子关系协议"是否有效；二是本案被告之一的吴英在被继承人遗忘的情况下是否享有继承权。

本案中梁老汉和长子梁清经常发生矛盾，于是自愿订立了一纸"解除父子关系协议"，实际上这种做法是违法的。我国《宪法》和《婚姻法》都规定，父母有抚养教育未成年子女的义务，成年子女有赡养扶助父母的义务。从这一规定可以看出，直系血亲是基于自然的血缘关系而产生的亲属关系，包括父母子女之间，祖父母、外祖父母与孙子女、外孙子女之间等，只能因一方的死亡而终止，不能人为地予以解除。因此，本案中梁老汉与梁清的"解除父子关系协议"是无效的，不能免除父子之间的任何一项权利义务关系。

既然亲生父子的关系无法解除，那么亲生子女是否一定享有继承权呢？《继承法》第7条规定："继承人有下列行为之一的，丧失继承权：（一）故意杀害被继承人的；（二）为争夺遗产而杀害其他继承人的；（三）遗弃被继承人的，或者虐待被继承人情节严重的；（四）伪造、篡改或者销毁遗嘱，情节严重的。"继承人虐待被继承人的情节是否严重，可以从实施虐待行为的时间、手段、后果和社会影响等方面进行认定。本案中梁清虽与父亲有矛盾，但尚未达到虐待被继承人"情节严重"的程度，后来也得到了其父的宽恕，所以梁清没有丧失继承权。

此外，根据《婚姻法》第24条第1款"夫妻有相互继承遗产的权利"的规定，本案被告吴英是法定继承人之一，并且对梁老汉尽了大量的扶助义务，应享有同等的继承权。所以，法院通过审理，将被继承人口头遗嘱没有处分的两间房屋判决给吴英是符合法律规定和合情合理的。

中国法律禁止解除有血缘关系的父子关系，分家独处可以，但你得尽赡养义务。或者说，非亲生养父母养子女之间是可以解除父女、父子或母女、母子关系的。孩子与生父基于出生的法律事实和血缘关系，形成了父（母）子（女）关系。这种关系不因父母离婚而解除，子女也不能因父母未很好地履行对自己的抚养、教育义务而拒绝赡养父母。父母抚养、教育未成年子女是其法定义务，同样，赡养、扶助父母也是子女的法定义务。《婚姻法》36条第1、2款规定："父母与子女间的关系，不因父母离婚而消除。离婚后，子女无论由父或母直接抚养，仍是父母双方的子女。离婚后，父母对于子女仍有抚养和教育的权利和义务。"《婚姻法》21条第1、2、3款规定："父母对子女有抚养教育的义务；子女对父母有赡养扶助的义务。父母不履行抚养义务时，未成年的或不能独立生活的子女，有要求父母付给抚养费的权利。子女不履行赡养义务时，无劳动能力的或生活困难的父母，有要求子女付给赡养费的权利。"

38 什么是收养？

典型事例

陆某（女）六岁丧父，九岁丧母，跟随其祖父母生活两年后，1990年，因其祖父母年老体弱无能力继续抚养陆某，遂产生了将陆某送别人抚养的念头。同一个村但不同组的陆某母亲的妹妹徐某（家中已有一个七岁儿子）听说这个消息，上门与陆某祖母联系，在征得陆某同意的情况下，双方未办理任何手续，将陆某带到自己家中抚养。开始两年，陆某依旧称呼徐某为姨妈，称呼徐某的丈夫茅某为姨夫。两年后双方改口以父母和女儿相称。陆某

24岁时嫁给黄某。在此期间徐某夫妇并未办理收养登记手续，陆某也一直未将户口转入徐某夫妇家。2003年4月4日，陆某与丈夫黄某乘坐摩托车外出发生交通事故，陆某当场死亡，14日后，黄某也死亡。事后经交警部门调解，肇事司机赔偿陆某死亡赔偿金6万余元。该款由黄某父母领取，并在调解赔偿书上签字。现对该款的分配黄某父母与徐某夫妇发生争议。

徐某夫妇认为：其与陆某祖父母虽无收养协议，也未去民政部门办理收养登记手续，但已与陆某形成事实上的收养关系，也得到了村民们的普遍认可。在陆某死亡后，其作为陆某的法定第一顺序继承人，理应获得陆某的遗产。由于陆某先于其丈夫黄某死亡，故按照法定继承的有关规定，陆某的遗产应由黄某（陆某丈夫）、徐某夫妇平均分配。

黄某父母认为：徐某夫妇与陆某的祖父母间并无收养协议，也未在民政部门办理收养登记手续或者在公证处公证，陆某的户口也一直未迁入徐某夫妇户头。在无任何手续的情况下，徐某夫妇与陆某间的收养关系不能成立，只能成立抚养关系。但鉴于徐某夫妇在抚养陆某成人的过程中，尽了大部分的抚养义务，根据《继承法》的有关规定，陆某的遗产可对法定继承人以外的徐某夫妇酌情予以分割。

法律分析

收养又称抱养、领养，系指将他人子女收为自己子女。法律上，收养视同婚生子女的一种身份契约关系。由于收养会将本无真实血缘联络之人间，拟制具有亲子关系，因此收养者与被收养者间又称为法定血亲或拟制血亲。收养者称为养父或养母，被收养者则称为养子或养女；被收养者之生父母称为本生父母，而对本生父母而言，被收养者称为出养子女。子女出养后，本生父母之亲权即处于暂时停止之状态。

依据《收养法》第4条的规定，被收养人应当符合下列条件：①被收养人是未满14周岁的未成年人。以不满14周岁的未成年人作为收养的对象，是为了有利于在收养人和被收养人之间建立和培养亲子感情，从而促使收养关系的稳定和发展。②被收养人是丧失父母的孤儿，或者是查找不到生父母的弃婴和儿童，或是生父母有特殊困难无力抚养的子女。这里的"孤儿"是指父母双亡的不满14周岁的未成年人；"弃婴和儿童"是指被父母或者其他监护人丢弃而脱离家庭或者监护人的不满14周岁的未成年人。③收养年满10周岁以上的未成年人的，应当征得被收养人的同意。因为他们已经初步具备了判断、辨明一些事务后果的能力。因此，收养他们时应当征求、尊重其本人的意愿，取得其同意，这样才能更好地建立和睦的养父母子女关系。

收养人应具备的条件：①收养人必须年满30周岁。收养的目的是为了在收养人与被收养人之间确立父母子女关系，因此，收养人与被收养人之间应有合理的年龄差距。②收养人无子女。基于《宪法》和《婚姻法》关于计划生育的要求，《收养法》要求收养人无子女。这里的收养人无子女是指夫妻双方或者一方因不愿生育或不能生育而无子女，或者是因所生子女死亡而失去了子女，或者是指收养人因无配偶而没有子女的情况。③有抚养教育被抚养人的能力。为了保证被抚养人的健康成长，对收养人抚养、教育能力的要求包括三个方面：第一，收养人应具有良好的思想道德品质；第二，收养人有保证被抚养人健康成长的物质条件；第三，收养人未患有在医学上认为不应当收养子女的疾病。④有配偶者收养子女，必须夫妻双方共同抚养。法律这样规定的目的是为了保证被抚养人能在一个和睦、温暖的家庭环境中健康成长，以免因夫妻单方收养而造成另一方不接纳孩子，进而影响到夫妻感情的和睦，影响到养子女的身心健康。⑤收养人只能收养一名子女。对收养人的这一要求，是为了贯彻推行中国的计划生育政策。

本案中徐某夫妇与陆某之间，虽未办理合法的收养登记手续，也未办理入户手续，但双方以父母及女儿相称并在一起生活，应视为以养父母与养子女关系共同生活，且生活时间较长，也为邻居及村组织所公认。至于收养陆某时，徐某夫妇已有一个儿子，《收养法》第8条第2款规定："收养孤儿、残疾儿童或者社会福利机构抚养的查找不到生父母的弃婴和儿童，可以不受收养人无子女和收养一名的限制。"这说明徐某夫妇当时的行为并不违反现行《收养法》的立法本意，而且当时对此也无禁止性的规定，徐某夫妇的行为并不违法。故徐某夫妇与陆某间形成事实上的收养关系，本案也就迎刃而解，徐某夫妇作为陆某的养父母，为其遗产的第一顺序继承人，有权依照《继承法》的有关规定分割遗产。

39 被收养后，还需要赡养亲生父母吗？

典型事例

王强、李英系夫妻关系，婚后生有两子一女，其中长子为王星。1979年3月，王星16岁时，因王强的叔父母王大山和曹英兰夫妻婚后未有生育，经亲友说合，王强夫妻同意将长子王星过继给王大山夫妻做养孙子。双方为此订立书面嗣书一份，其主要内容有：王星随叔祖父母王大山、曹英兰共同生活并由他们抚育成人；王大山、曹英兰年老后，由王星赡养；王大山、曹英兰的财产由王星继承。协议签订后，王星开始与叔祖父母共同生活，户口、自留地也一并转入叔祖父母户内。叔祖父母年老后及叔祖父去世时，王星均尽了赡养义务并料理了后事。多年来，王强、李英夫妇一直与其次子共同生活，现由次子负责赡养。

2012年，王强夫妻因生病治疗费用较高，造成了生活困难，遂要求王星负担部分医疗费用。王星在给付王强夫妇1400余元后，拒绝继续承担。王强夫妇再次索要未果，引起诉讼。

最终法院认为，王星被生父母过继给叔祖父母后，与叔祖父母长期共同生活，相互履行了抚养、赡养义务，尽管其与叔祖父母之间未到有关部门办理相关手续，但他们之间的事实收养关系得到群众、亲友和当地组织的公认，应予认定。收养关系成立后，被告王星与生父母之间的权利义务关系自行终止。现两原告要求被告王星承担赡养义务的请求，尽管值得同情和理解，但于法无据，遂依照有关法律规定驳回了原告王强、李英的诉讼请求。

法律分析

《收养法》第6条规定："收养人应当同时具备下列条件：（一）无子女；（二）有抚养教育被收养人的能力；（三）未患有在医学上认为不应当收养子女的疾病；（四）年满三十周岁。"这条规定表明，我国《收养法》对收养人与被收养人之间的代际关系未作明文规定，对隔代收养既未明文支持，亦未明文禁止。我国现行《收养法》是1992年4月1日起施行的，1998年11月进行了修正，本着适用法律从旧的原则，对《收养法》施行前的收养关系的认定只能适用当时的法律、政策或司法解释。1984年8月，最高人民法院公布实施的《关于贯彻执行民事政策法律若干问题的意见》第29条规定："收养人收养他人为孙子女，确已形成养祖父母与养孙子女关系的，应予承认，解决收养纠纷或有关权益纠纷时，可依照婚姻法关于养父母与养子女的有关规定，合情合理地处理。"《关于贯彻执行民事政策法律若干问题的意见》第28

条同时规定："亲友、群众公认，或有关组织证明确以养父母养子女关系长期共同生活的，虽未办理合法手续，也应按收养关系对待。"

就本案而言，王大山和曹英兰夫妻与被告王星之间尽管未到有关部门办理合法手续，但双方的养祖父母与养孙子女关系得到了亲友、群众和当地组织的公认，应予承认。1980 年《婚姻法》和现行《收养法》均规定，养子女和生父母间的权利义务，因收养关系的成立而消除。现被告王星与他人的收养关系得到了法律确认，其与生父母之间的权利义务关系已消除，两原告再要求其承担赡养义务显然于法无据。当然，被告王星如果从亲情出发，自愿给付生父母部分钱款，法律并不禁止。

40 收养协议是合同吗？

典型事例

2005 年 3 月，李泉与张山达成协议，由张山收养李泉 6 岁的孩子小刚，李泉为此而向张山一次性支付 5 万元费用。合同中还规定，任何一方违反约定，应当承担违约责任。该收养协议成立以后，在当地民政部门办理了登记手续。一年后小孩上学，在校期间比较顽皮，经常与同学打架，并将一同班同学眼睛打伤，张山为此向受害人支付了医药费 10 万元。张山遂以该孩子顽皮为由提出解除收养关系。李泉拒不接受，后因考虑孩子已无法与张山共同生活，故同意解除收养关系，但要求张山退还 5 万元费用，并承担违约责任（李泉要求张山一次性赔偿 20 万元）。张山提出，其已经为小孩殴打他人支付了 10 万元，不能再向李泉返还财产。

法律分析

本案是一个有关解除收养关系的纠纷，由于收养涉及家庭伦理秩序，我国法律对收养规定了一定的条件。就本案而言，该收养协议成立以后，也在当地民政部门办理了登记手续，被收养人、收养人以及送养人都符合有关法定条件。然而，送养人与收养人之间就收养一事达成了一个书面协议，该协议在法律上是否有效？我国《收养法》第15条第3款明确规定："收养关系当事人愿意订立收养协议的，可以订立收养协议。"收养关系本身并非是一个合同关系，但当事人可以就有关收养的一些事项通过合同加以约定。该协议一旦成立，仍然是合法有效的。

尽管收养关系当事人可以订立收养协议，但该协议是否能够受到《合同法》的保护？我国《合同法》第2条第2款规定，"婚姻、收养、监护等有关身份关系的协议，适用其他法律的规定"。尽管收养人与送养人之间必须在平等自愿的基础上达成有关收养的协议，应当双方意思表示一致，但该协议只是收养成立的条件，在性质上并不是民事合同。收养行为具有不同于其他民事法律行为的自身特征，它是一种依法变更亲子关系、移转亲子间的权利和义务的身份法上的行为，具有法定的拟制效力和解销效力。因此收养关系不适用《合同法》，而由于特别法调整，其主要原因在于：

第一，收养关系不是一种单独的财产关系，而是一种具有很强人身性质的民事行为。收养是产生拟制血亲关系的法律行为，养父母与养子女通过收养建立了父母子女之间的身份关系和权利义务关系。一旦建立收养关系，这就形成一种等同于血缘关系的父母子女关系。而一般的民事合同主要是产生、变更和消灭以财产为内容的债权债务关系。具有人身性质的合同通常不适用《合同法》的规定。

第二，送养人和收养人之间的合意也不同于一般的合同，因为法律对收养人和送养人的条件做了严格的规定，对被收养人的条件也有明确的限定。收养年满 10 周岁以上的未成年人，还必须要征得被收养人的同意，收养应当向有关民政部门登记。这些规定都表明，收养不同于一般的民事合同。

第三，收养人与送养人之间在合意的内容中不得约定有关收养的付款报酬，不得使收养变成一种交易关系，否则，将会使收养变成一种买卖或变相买卖儿童的关系，这完全违反法律禁止性规定，也是违反公序良俗的。然而，一般的民事合同都是一种交易关系。所以，尽管李泉与张山之间达成了协议，但李泉不得基于该协议要求张山承担违约责任。因为《合同法》并不对该协议的违反提供救济，所以当事人在合同中关于"任何一方违反约定，应当承担违约责任"的规定，应当是无效的。这也是因为违约责任都是财产责任，其宗旨在于补偿非违约方的财产损失，由于抚养协议具有人身性，违反其义务只能发生法定的特定法律后果，如收养人不履行抚养义务，虐待、遗弃、侵害被收养人利益，送养人则可以单方解除抚养协议，回复原来的亲子关系，但不得基于抚养协议要求损害赔偿。当然，如确已构成侵权行为，可以以被收养人名义主张侵权责任，要求损害赔偿，但该救济与违反抚养协议的违约责任是完全不同的。

此外，根据《收养法》第 26 条第 1 款："收养人在被收养人成年以前，不得解除收养关系，但收养人、送养人双方协议解除的除外，养子女满十周岁以上的，应当征得本人同意。"据此，在本案中由于被收养人在解除收养关系时刚满 7 岁，张山依法不得擅自解除收养关系，但依据法律规定，收养人、送养人双方协议解除，也可以不必征得被收养人的同意。本案中，由于李泉已经同意解除收养关系，因此双方可以解除。

在本案中，李泉和张山在协议规定，由张山收养李泉6岁的孩子小刚，李泉为此而向张山一次性支付5万元费用。后来在张山解除收养关系时李泉是否可以请求李泉退还该笔费用？我们首先需要对该费用的性质作出判断，如前所述，在收养协议中当事人不得约定收养的报酬问题，收养人不得接受来自于送养人的任何报酬。即使双方当事人自愿也是违法和违背公序良俗的。本案中双方约定的费用不是有关报酬的问题，而是有关被收养人以及收养人生活的费用。也就是说，李泉考虑到被收养人生活所需以及收养人的经济状况，自愿为被收养人和收养人支付一定的生活费用，这种约定应当是合法的。但在性质上应当解释为一种附条件赠与。这就是说，李泉赠与给张山一定的费用，但条件是张山应当收养李泉的孩子。收养关系是一个条件，只有在该条件成立以后，赠与关系才能成立。事实上，由于收养关系已经成立，赠与的财产也已经交付，应当认为该赠与已经生效。

然而，由于张山在收养一年以后就提出了解除收养关系，因此不能认为张山已经完全履行了其收养义务。所以张山在赠与关系中所负有的义务并没有完全履行，李泉主张退还赠与的财产也不无道理。张山保有该笔财产，已无正当依据，应适用不当得利返还给对方，该返还义务依其性质为基于给付的不当得利，其给付因给付目的消灭而欠缺原因，其已为的给付构成了不当得利。即给付之原因有效确定，且一度达其目的，后经消灭。例如，契约上之债务履行后，因契约之撤销、解除或解除条件之成就，终其之到来，其所为给付之返还。但返还范围如何计算？即张山究竟应当退还多少费用的问题。这就需要确定李泉赠与张山的财产是为被收养人提供生活费用，还是包括了收养人生活的费用？笔者认为两者都应当具备。如果承认包括了这两方面的费用，则根据当地一般生活水平确定已经花费的数额，剩余的应当退还给李泉。即当事人在善意条件下，其返还范围应以现存利益为限，即在本案中，收养人就其正常合理的花费，应当免除返还义务。

至于张山提出，其已经为小孩殴打他人支付了10万元，不能再向李泉返还财产。我认为，这一抗辩是不能成立的。根据《收养法》第23条的规定，自收养关系成立之日起，养父母与养子女之间的权利义务关系，适用法律关于父母子女关系的规定；养子女与生父母以及其他近亲属之间的权利义务关系，因收养关系的成立而消除。由于本案中收养关系已经成立，张山已经成为被收养人小刚的监护人，因被监护人的行为致人损害，理所当然应当由监护人承担赔偿责任，该责任不应转由李泉承担。所以张山为被监护人殴打他人支付了10万元，是其监护期间监护人责任的体现，不能再向李泉请求返还，也不能作为抗辩事由抵销其所负的返还义务。

41 解除收养关系后，还需要对原养父母履行义务吗？

典型事例

曲阳、向华系夫妻关系，现年分别75岁、70岁。赵某系曲阳、向华之外甥女。因曲阳、向华结婚后一直未生育，所以收养赵某为养女，当时赵某2岁。此后，被告一直与曲阳、向华夫妇一起生活。2001年10月，赵某24岁时，因为家庭问题，原、被告之间产生纠纷，曲阳、向华诉至法院，要求解除与被告赵某之间的收养关系，并且要求被告支付多年来曲阳、向华为其支付的抚养费。庭审过程中，赵某表示同意解除收养关系，并且从人道及情理角度出发愿意补偿曲阳、向华夫妇一定的欠款。最终法院为双方出具了民事调解书。

2009年，曲阳、向华夫妇均退休在家，由于企业倒闭，双方失去了经济来源，生活困难。同年4月曲阳、向华向法院提起诉讼，要求赵某履行赡养自己的义务。但是被告称：当初双方在自愿的基础上解除收养关系，并且被告也已经对曲阳、向华进行了补偿。现在8年已经过去了，此时，曲阳、向华再要求被告支付赡养费没有法律依据，因此不同意曲阳、向华的诉讼请求。

法院审理后认为：被告从小由曲阳、向华收养，并抚养其至成年，被告成年后才因双方产生矛盾解除了收养关系。现曲阳、向华丧失了劳动能力，没有经济来源，又没有其他子女赡养，被告应承担起赡养曲阳、向华的义务。法院判决：被告赵某每月支付曲阳、向华赡养费800元。

法律分析

本案双方争议的焦点在于：已经解除收养关系的成年养子女是否仍负有赡养养父母的义务？按照通常人的观点，可能认为既然已经解除收养关系了，那么双方之间就没有权利、义务关系了，因此养子女也没有继续赡养养父母的义务。尤其是像本案这样，在解除收养关系时，被告赵某也支付给了曲阳、向华相应的补偿，所以被告的抗辩理由听起来也很有道理。但是为什么法院还判决赵某赡养两原告呢？法院如此判决的依据来源于《收养法》，该法第30条明确规定，收养关系解除后，经养父母抚养的成年养子女，对缺乏劳动能力又缺乏生活来源的养父母，应当给付生活费。但是对赵某来说，是不是法律加给她的义务太重了：在解除收养关系的时候支付了补偿，在解除收养关系后仍要对养父母履行赡养义务。我们不妨来重新审视以下本案例。

根据我国收养方面的法律规定，对于未成年的养子女，养父母是不能解除收养关系的（但是送养人、收养人一致同意的除外），本案原、被告双方在解除收养关系的时候，被收养人赵某已经成年，所以只要双方协商一致就可以解除收养关系。但是解除收养关系后，赵某是否需要对养父母进行经济补偿呢？在双方解除收养关系的诉讼中，养父母曲阳、向华两人也提出了要求补偿的诉讼请求，但是根据法律规定，只有双方是因为养子女成年后有虐待、遗弃行为而解除收养关系时，养父母才可以要求养子女补偿收养期间支出的生活费和教育费。而本案赵某不存在上述行为，所以她根本不需要支付养父母补偿款。但因为当初双方是协商达成一致意见解除收养关系，赵某自愿补偿养父母，在双方的协议没有违反法律强制性规定的情况下，法院予以认可，出具了民事调解书。所以说当初赵某进行补偿，不是法律规定的义务，而是赵某的自愿行为。因而现在法院判决让赵某履行赡养养父母也并不是法律加重赵某的义务。

42 收养关系解除后，与生父母之间的关系如何？

典型事例

吴某1岁时被蒋某夫妇收养。蒋某有酗酒恶习，喝完酒后就拿妻子和孩子出气。蒋某之妻受了蒋某的气后，也拿吴某出气，吴某整天生活在恐惧和不安中。吴某的生父母知道吴某受虐待的情况后，向法院起诉，解除了吴某与蒋某夫妇的收养关系，吴某重新回到了生父母身边，这时吴某刚好10岁。后来吴某经过努力考上了大学，找到了一个比较好的工作，其生父母也步入老年，逐渐丧失了劳动能力，生活困难。吴某的生父母遂找到吴某，让其尽赡养义务，但吴某称其虽与蒋某夫妇解除了收养关系，但并未与生父母达成恢复亲子关系的协议，因此拒绝承担赡养义务。无奈之下，吴某的生父母起诉到法院，请求法院判决吴某承担赡养义务。

法 律分析

收养关系解除后，养子女与养父母的关系自然解除，但与亲生父母的关系不一定会自动恢复。如果该养子女还没有成年，那么其与生父母及其他近亲属间的权利与义务关系将自行恢复。如果该养子女已经成年，其与生父母及其他近亲属间的权利与义务关系是否恢复，应由当事人协商确定。

本案中吴某与养父母收养关系解除时尚未成年，其与生父母的权利与义务关系自动恢复，无须就权利与义务关系恢复达成协议，法院遂判决吴某对生父母承担赡养义务，每月支付赡养费400元。

《收养法》第 29 条规定，收养关系解除后，养子女与养父母及其他近亲属间的权利义务关系即行消除，与生父母及其他近亲属间的权利义务关系自行恢复，但成年养子女与生父母及其他近亲属间的权利义务关系是否恢复，可以协商确定。

43 未到法定婚龄与他人结婚，是否为有效婚姻？

典 型事例

2004 年 7 月 2 日，时年 18 周岁的河北某镇女青年孙芳以其表姐赵小花的名义与山东籍男子朱某登记结婚。2006 年生一男孩。2008 年 7 月，孙芳离家出走，并于 2013 年 5 月 8 日诉至法院，要求确认其与朱某的婚姻关系无效。

法律分析

第一，《婚姻法》第 10 条第 4 项规定，未到法定婚龄结婚的，婚姻无效。本案中孙芳在办理结婚登记时年方 18 岁，未达到法定婚龄，但其在起诉时已经 27 岁，无效婚姻的情形已经消失，不能以无效婚姻处理。

第二，《婚姻法》第 11 条规定，因胁迫结婚，受胁迫方可以向婚姻登记机关或人民法院请求撤销该婚姻。受胁迫的一方撤销婚姻的请求，应当自结婚登记之日起一年内提出。该案中并不存在因胁迫结婚的情形，因此，孙芳不能行使撤销权。

第三，最高人民法院《关于人民法院审理离婚案件如何认定夫妻感情确已破裂的若干具体意见》规定："凡属下列情形之一的，视为夫妻感情确已破裂……"其中第 4 条内容就是："一方欺骗对方，或者在结婚登记时弄虚作假，骗取结婚证的。"孙芳与朱某以弄虚作假的手段骗取结婚登记证，是认定夫妻感情确已破裂的标准之一，而不是认定婚姻无效或可撤销的标准。

第四，最高人民法院《关于民事诉讼证据的若干规定》第 35 条规定："诉讼过程中，当事人主张的法律关系的性质或者民事行为的效力与人民法院根据案件事实作出的认定不一致的……人民法院应当告知当事人可以变更诉讼请求。"人民法院可以根据当事人的诉讼请求来确定案件的最初案由，但应当根据查证的案件事实确定案件的最终案由。孙芳在诉状中要求宣布婚姻无效和解除非法同居关系，人民法院查证不属婚姻无效和解除非法同居关系情形的，应告知孙芳可以将自己的诉讼请求变更为与朱某离婚。

综上所述，该案案由宜定为离婚纠纷，法院按离婚案件进行处理较为适宜。

44　起诉离婚，具体程序是什么，需要到哪个法院？

典型事例

洪某及吴某均系建湖县人，2007 年 9 月两人经人介绍相识，短短 3 个月的热恋后，便闪电结婚，2008 年 4 月小夫妻生一男孩，婚后直至儿子出生，小夫妻感情一直很好。好景不长，小孩出生后两人经常为生活琐事和小孩的照料问题发生争吵。2009 年 8 月两人再次发生争吵，洪某一气之下搬回娘家居住，吴某也赌气没有上门道歉接妻子回家。此后，生活和家庭的双重压力，导致丈夫吴某精神不堪重负，于 2010 年 4 月突发精神分裂症，至今仍在接受治疗。得知丈夫生病后，妻子刘某于今年诉至法院，请求与丈夫离婚。多番调解无果后，法院依法作出了判决。

法律分析

1. 诉讼离婚的大致需要经过下列这些程序：①起草起诉状；②准备诉讼所需要的证据；③向有管辖权的法院递交起诉状和证据；④法院决定是否受理该诉讼；⑤法院受理该离婚诉讼案件之后，在法定时间内向对方发送起诉状副本；⑥法院安排开庭时间并向双方发送传票；⑦开庭：双方均可以委托律师或者其他专业人士代理诉讼；⑧法院判决。

2. 那么应到哪个法院起诉离婚呢？根据法律及司法解释规定，具体情形有：

（1）在一般情况下依据"原告就被告"的原则，也即是由被告住所地人民法院管辖；被告住所地与经常居住地不一致的，由经常居住地人民法院管辖。其中，公民的"住所地"是指公民的户籍所在地；公民的"经常居住地"是指公民离开住所地至起诉时已连续居住一年以上的地方。

（2）夫妻一方离开住所地超过一年，另一方起诉离婚的案件，由原告住所地人民法院管辖。

（3）夫妻双方离开住所地超过一年，一方起诉离婚的案件，由被告经常居住地人民法院管辖；没有经常居住地的，由原告起诉时居住地的人民法院管辖。

（4）下列离婚诉讼，由原告住所地人民法院管辖；原告住所地与经常居住地不一致的，由原告经常居住地人民法院管辖：①被告不在中华人民共和国领域内居住；②被告下落不明或者被宣告失踪；③被告在劳动教养的；④被告被监禁的。

（5）如果配偶是军人（非文职），自己不是军人，应到原告住所地人民法院起诉；如果配偶是文职军人，应到被告住所地人民法院起诉；如果双方都是军人，由被告住所地或者被告所在的团级以上单位驻地的人民法院管辖。

（6）中国公民双方在国外但未定居，一方向人民法院起诉离婚的，应由原告或者被告原住所地的人民法院管辖。

45 男方或女方提出离婚，限制条件有区别吗？

典型事例

沈方与花春兰于 2002 年登记结婚。由于两人个性均较强，在恋爱期间尚能相互容忍，婚后却经常因日常生活琐事发生矛盾。2003 年至 2004 年间，两人多次产生离婚念头，后在双方父母和亲友的劝说下打消。2004 年 7 月，花春兰怀孕。在怀孕期间，两人关系恶化。沈方不顾妻子已经怀孕的事实，搬到单位居住，对家里的一切事情置之不理。2005 年 1 月，花春兰向人民法院起诉离婚。

花春兰提出，两人婚前缺乏了解，婚姻基础不牢固。婚后由于个性不和，夫妻之间矛盾重重。特别是在自己怀孕后，沈方仍然坚持分居，说明夫妻感情确已破裂，请求人民法院判决准予离婚。

法律分析

我国《婚姻法》第 34 条规定，女方在怀孕期间、分娩后 1 年内或中止妊娠后 6 个月内，男方不得提出离婚。女方提出离婚的，或人民法院认为确有必要受理男方离婚请求的，不在此限。

关于上述规定的适用，应当注意以下几点：

1. 女方在上述期间提出离婚不受限制。双方自愿离婚应允许。

2. 人民法院认为确有必要受理男方离婚请求的，也不受上述规定的限制。"确有必要"主要有两种情形：①双方确有不能继续共同生活的重大、急迫的事由，如一方对另一方有危及生命安全的可能等；②女方婚后与人通奸以致怀孕，男方提出离婚的。

如上述情况为女方所不争执或已经查明属实的，人民法院应当受理。

3. 上述规定只是限制男方离婚请求权的程序性规定，并不涉及准予或不准予离婚的实质性问题。

首先，它并未否定男方的离婚请求，只是推迟其提出离婚的时间。在上述期间届满后，男方仍可依法行使其离婚请求权。其次，在上述期间受理的案件，不论是由女方提出的，还是作为例外情况由男方提出的，是否准予离婚的问题，仍应根据具体情况和法律的规定处理，仍应注意保护妇女和儿童的合法权益。

人民法院在未发现女方怀孕时判决离婚，判决后，女方发现怀孕提起上诉的，查明事实后，第二审法院应立即撤销原判决，驳回原告的离婚请求，不必发回原审法院重新审判。

人民法院审理离婚案件，准予或不准予离婚的界限是夫妻感情是否确已破裂，而判断夫妻感情是否确已破裂，应当从婚姻基础、婚后感情、离婚原因、夫妻关系的现状和有无和好的可能等方面综合分析。离婚律师认为，本案中男女双方由于婚前缺乏了解，草率结婚，导致婚后感情不和。双方曾多次产生离婚的念头。男方甚至在女方已经怀孕的情况下坚持分居。夫妻感情已完全破裂是不争的事实。当事人双方均同意离婚，对子女抚养问题也达成了一致意见，准予双方离婚符合《婚姻法》的规定。而且，由于双方感情破裂，继续维持婚姻关系不仅不符合双方的利益，对胎儿的正常发育成长也有不利影响。从这个角度也应当准予当事人离婚。

46 出卖"收养"的婴儿，是否构成拐卖儿童罪？

典型事例

张某与同乡未婚女青年蒋某一起在外省打工，并共同租房居住。2005年正月，蒋某产下一男婴，因怕影响声誉，托付给张某抚养。张某抚养十多天后，因影响工作，遂打电话让婆婆高某把孩子抱回老家代为抚养。高某抱回后一直抚养该男婴。7月，村委会查出张某已生育了一个男孩，不符合规定，要求张某将该男婴送福利院。张某不愿意，后交代高某将男婴送人。高某请在外地的侄女帮忙联系。侄女的一位同事得知此事后，主动为其联系到了想要男婴的赵某。9月，高某和其女婿将该男婴送到侄女处，通过侄女及其同事的介绍，将该男婴以5500元（其中500元为路费）的价格卖给了赵某。公诉机关以被告人高某犯拐卖儿童罪起诉到法院。

法津分析

本案在审理过程中，对高某的行为是否构成拐卖儿童罪存在截然相反的意见。笔者认为，高某的行为不构成拐卖儿童罪。理由如下：

根据《刑法》第 240 条的规定，以出卖为目的，有拐骗、绑架、收买、贩卖、接送、中转儿童行为之一的，即构成拐卖儿童罪。其中的"贩卖"，《刑法》规定的原意是行为人将买来的儿童再出卖给第三人，甚至其本义还有"低价买进高价卖出以获取利润"的含义。本案中，高某的行为不属于拐卖儿童罪规定的六种行为之一。因为本案的男婴并非被高某拐骗、绑架、收买而来，而是男婴生母因未婚生育怕有影响，将该男婴交由高某的儿媳抚养，高某抚养该男婴是为了帮助儿媳收养该男婴。尽管我国《收养法》规定，收养应在民政部门登记后才成立，且高某儿媳也不符合收养法规定的收养人应无子女的条件，但不可否认高某及其儿媳与男婴之间存在着事实上的收养关系。

司法实践中，随着有关司法解释和政策精神的出台，"贩卖"儿童已超出了《刑法》规定"买进卖出"的含义。比如，1999 年 10 月的《全国法院维护农村稳定刑事审判工作座谈会纪要》谈到，对于买卖至亲的案件，要区别对待。以贩卖牟利为目的"收养子女"的，应以拐卖儿童罪处理；对那些迫于生活困难，受重男轻女思想影响而出卖亲生子女或收养子女的，可不作为犯罪处理；对于出卖子女确属恶劣的，可按遗弃罪处罚。2000 年最高人民法院、最高人民检察院、公安部、民政部、司法部、全国妇联《关于打击拐卖妇女儿童犯罪有关问题的通知》中对以下三种情况以拐卖儿童罪追究责任：出卖捡拾儿童的；借收养名义拐卖儿童的；以营利为目的，出卖不满 14 周岁子女情节恶劣的。因此，本案的关键问题是如何看待高某"出卖"所收养儿童的行为。

本案中，村委会要求高某将男婴送到福利院，客观上促使高某及其儿媳不能再继续收养该男婴。高某的儿媳要高某将该男婴送人，而高某将该男婴送给她侄女联系的收养人赵某，虽收了赵某5500元，但不能完全等同于"出卖"，更接近于送养性质。从实际来看，高某接送、抚养男婴不仅付出了感情和心血，也还有相当的花费。我国《收养法》并未禁止收养一方不能给抚养一方一些营养、抚养的补偿费，现在送养一名男婴收取5500元并不过高，这些钱更多具有补偿的性质。毕竟高某只是个普通的农村老太太，没有什么文化素质和法律常识，理所当然认为自己对先前抚养男婴所付出的费用和感情不该是无偿的。也就是说，高某收养男婴并不是以出卖为目的，收取送养人的5500元也不是以营利为目的。

总之，认定行为的性质是不能脱离行为人实施该行为的主观心理的，客观上同样的行为在不同的心理状态支配下去实施，行为的性质就完全不同。高某在主观上不具备拐卖儿童罪所要求的"出卖"的目的，其将该男婴送给赵某并收取5500元的行为也不构成拐卖儿童罪的行为。况且，她的行为没有严重侵犯社会利益和造成危害后果，即使有一定的危害性，也属于情节显著轻微危害不大，不应认定为犯罪。

47 收养的合法条件是什么？

典型事例

赖某、李某夫妇系巴东县沿渡河镇某村村民，在共同生活期间于1999年3月8日生育一男孩。2006年，赖某外出至广东省汕头市打工，就职于胡某、余某夫妇开办的理发店，赖某与胡某以姐妹相称，相处融洽。2007年2月12日，原告胡某在汕头市一家医院产下一女婴，赖某在征得其夫李某同意后，于当日从胡某、余某手中将该女婴抱走抚养（双方未订立收养协议）。在赖某收养该女婴后，赖某便辞工专门抚养该女婴，并于2007年3月将女婴送回老家由其夫李某照看。随后，赖某、李某夫妇找户籍所在地村干部出具了该女婴系其亲生的假证明，并在当地派出所申请了入户登记，为女婴取名李某某。时至2009年3月，胡某、余某夫妇找到赖某、李某夫妇交涉，欲将其亲生女抱回抚养，双方产生争议。为此，胡某、余某夫妇向法院起诉，请求判决确认收养行为无效。

巴东法院审理后认为，收养是根据法定条件和程序领养他人子女为自己子女的民事法律行为，是一种法定的变更民事权利、义务的重要法律行为。《收养法》对收养人应当同时具备的条件作出了明确规定，其中条件之一为收养人必须无子女方可收养他人子女。同时，收养行为是一种要式法律行为，《收养法》规定收养应当向县级以上人民政府民政部门登记，收养关系自登记之日起成立。本案中，二被告已生育一男孩，在明知不符合《收养法》规定的收养人应当具备条件的情况下收养子女，且未依法办理收养登记，其行为明显不符合相关法律规定。判决：赖某、李某收养胡某、余某亲生女孩的行为无效。

法律分析

收养制度是婚姻家庭制度的重要组成部分。收养行为一旦发生法律效力，便产生两个方面的法律效果：一是在收养人和被收养人之间产生法定的父母子女关系；二是被收养人及其生父母之间的父母子女关系以及基于此的其他亲属关系同时消灭。

由于收养法律行为可以导致当事人人身关系和民事权利义务

的变化，所以法律对于收养行为一般均规定比较严格的条件，其中包括对收养人条件的规定，对被收养人条件的规定以及对被收养人的送养人条件的规定等。符合这些条件的当事人在自愿、平等、协商的基础上，达成收养协议，按照法律规定的程序报主管机关进行收养登记后，收养关系便产生法律效力。

我国《收养法》颁布实施以来，公民依法收养的意识不断增强。但在现阶段，仍然存在私自收养不办理收养登记，以及收养人、送养人不符合相应条件的情形，从而导致因收养关系不能成立致使已经被抚养的未成年人在落户、入学、继承等方面的合法权益得不到有效保障。特别是在收养期间，由于长期共同生活，收养人与被收养人之间已在一定程度上自然形成了一种难以割舍的情感，最后一旦被宣告收养行为无效，内心一时难以接受，很容易产生对抗情绪。

因此，从构建和谐社会的角度出发，相关部门应加大对《收养法》等法律、法规的宣传力度，充分发挥司法部门、民政部门、街道社区等部门的职能作用，切实做到依法收养、依法登记，有效保障收养关系当事人的合法权益。

48 收养不合法，保险可以获得赔偿吗？

典型事例

王小丽、李泉系夫妇，2009 年 8 月 29 日，二人从草场街派出所领养了一名被遗弃的女婴，取名王宁。同年 9 月 8 日他们为王宁申办了"蓝印户口"。不久，王、李二人分别在太保和寿保为王宁购买了 10 份"少儿乐"两全 A 款保险、5 份"长顺安全"A 款保险、20 份"长泰安康"B 款以及 1 份"国寿独生子女两全"保险。

根据这些保险合同的约定，如果被保险人王宁出险，受益人共可获得保险金35万元。同年10月10日王小丽等人带王宁在南湖公园游玩时，王宁不幸从游船上落水，经抢救无效于次日身亡。王宁落水时王小丽不在船上。事后，王、李二人依据保险合同向两家保险公司提出理赔要求，被保险公司拒赔。二人便分别将保险公司诉至法院，要求被告履行理赔义务。

法院审理后认为，王、李二人虽然养育王宁近两个月，也为王宁办理了"蓝印户口"，但由于李泉收养王宁时不满30岁，不符合我国《收养法》关于夫妻双方收养孩子必须达到30周岁的法定条件，且二人未在民政部门办理合法的收养手续，所以他们收养王宁的行为从程序和事实上均违反了我国法律的规定，收养关系无效。王、李没有基于法定程序取得王宁父母的合法身份，不能成为保险合同受益人，他们与保险公司订立合同自始无效，其诉讼请求不予支持。两家保险公司在履行核保义务时，未按规定查验出生证和收养证，主观上疏忽了核保责任，应对引起保险合同无效承担主要过错责任，因此法院判决太保退还王小丽保险费5290元，寿保退还李泉保险费200元。诉讼费由双方按比例承担。

法律分析

收养是根据法定的条件和程序领养他人子女为自己子女的民事法律行为。收养行为是一种设定和变更民事权利义务的重要法律行为，它涉及未成年人的抚养教育、对老年人的赡养扶助以及财产继承等一系列民事法律关系。收养这种法律行为的目的在于使没有父母子女关系的人们之间产生拟制的法律上的父母子女关系。收养行为一旦发生法律效力，便产生了两个方面的法律效果：一是在收养人和被收养人之间产生法定的父母子女关系；二是被收养人及其生父母之间的父母子女关系以及基于此的其他亲属关系同时消灭。由于收养法律行为可以导致当事人人身关系和民事权利义务的变化，所以法律对于收养行为一般均规定比较严格的条件，其中包括对收养人的条件的规定、对被收养人的条件的规定以及对被送养人的送养人条件的规定等。符合这些条件的当事人在自愿、平等、协商的基础上，达成收养协议，并且按照法律规定的程序到主管机关进行收养登记后，收养关系便产生法律效力。我国《收养法》第15条第1款和第2款规定："收养应当向县级以上人民政府民政部门登记。收养关系自登记之日起成立。收养查找不到生父母的弃婴和儿童的，办理登记的民政部门应当在登记前予以公告。"《收养法》第25条规定："违反《中华人民共和国民法通则》第五十五条和本法规定的收养行为无法律效力。"收养行为被人民法院确认无效的，从行为开始时起就没有法律效力。从上面所介绍的案情来看，收养人既不符合法定的收养条件，又没有履行法定的收养登记程序。因此，法院确认收养无效是正确的。

49 如何给被收养人上户口？

典型事例

张霞和张芳是亲姐妹，她们的母亲孙文华于2009年8月13日因病去世，她们的父亲在2008年11月7日的一场交通事故中死亡。张霞的父母去世后，暂时和70多岁的爷爷奶奶在黑龙江生活。除了爷爷奶奶外，张霞的外公孙某已经80多岁，和张霞的姨妈孙丽华在新疆生活。由于爷爷奶奶年纪大，没有能力照顾张霞姐妹俩，家住北京的张霞的舅舅孙强提出将张霞过继过来抚养。孙强已经有一个19岁的儿子。张霞的爷爷奶奶也同意将张霞过继给孙强抚养。那么舅舅能否将张霞上为北京市户口？

法津分析

《收养法》第16条规定："收养关系成立后，公安部门应当依照国家有关规定为被收养人办理户口登记。"

《中国公民收养子女登记办法》第8条规定："收养关系成立后，需要为被收养人办理户口登记或者迁移手续的，由收养人持收养登记证到户口登记机关按照国家有关规定办理。"

公安部、商业部于1992年5月16日颁布实施的《公安部、商业部关于被收养子女户口和粮食供应关系迁移问题的通知》规定："符合《收养法》有关规定，跨市、县范围收养一名同类户粮关系子女的，收养人凭其住所地公证机关出具的收养公证书和有关证明材料（或其复印件），向迁入地户口登记机关提出申请，经审查无误，报市、县公安机关批准后，准予办理入户手续。""符合《收养法》有关规定，城镇居民从农村收养一名不满14周岁子女的，收养人凭其住所地公证机关出具收养公证书和有关证明材料（或其复印件），向迁入地户口登记机关提出申请，经市、县公安机关审核，报地、市公安机关按照'农转非'有关规定办理。"

司法部于2000年3月3日颁布实施的《关于贯彻执行〈中华人民共和国收养法〉若干问题的意见》第3条规定："公证机构办理收养协议或解除收养关系公证，应按《公证暂行条例》和《公证程序规则（试行）》的规定办理，要重点审查当事人的身份、行为能力和意思表示是否真实，收养登记证或解除收养关系证明是否系有权机关签发。公证机构发现登记证内容违反收养法的，应当拒绝公证。夫妻共同收养，一方因故不能亲自到场，另一方到场并提交经过公证的配偶的委托书的，视为亲自到场。"

依据上述法律法规的规定，孙强在取得对张霞的收养登记证后，还应到孙强住所地的公证机关办理收养关系公证。然后孙强持收养关系公证书、收养登记证、户口本、身份证等证件，向孙强住所地的户口登记机关提出申请，办理张霞的入户登记手续。

50 能否与未成年人解除收养关系？

典型事例

张华与爱人结婚多年没有子女，于15年前抱养了一个3个多月的弃婴。15年来，张华和爱人含辛茹苦地把他抚养大，供其读书。但是，自从这孩子上中学以后，就不用心读书了，经常与社会上一些不明身份的人来往，学习成绩直线下降。而且还经常向他们要钱，如果不给就非打即骂。他们曾多次试图与其沟通，但均未果。为此，他们伤透了心。现在他们夫妻两个年纪都大了，对教育子女的问题已感到力不从心，想和他脱离关系。现在能与其解除抚养关系吗？日后能否要求其支付生活费？

法律分析

收养子女是变更人身权利义务关系的法律行为，收养应有利于被收养的未成年人的抚养、成长，保障被收养人和收养人的合法权益。一经成立，一般不得解除。《收养法》第26条规定："收养人在被收养人成年以前，不得解除收养关系，但收养人、送养人双方协议解除的除外，养子女年满十周岁以上的，应当征得本人同意。"就本案所述情况来看，因该养子系被人遗弃后由张华夫妻抱养的，没有送养人。目前，该养子还未成年，即使本人同意，张华夫妻也不能解除与他的收养关系。若要解除，也需等到该养子成年以后。根据法律的规定，养父母与成年子女的关系恶化，无法共同生活的，可以协议解除收养关系。不能达成协议的，可以向人民法院起诉。在养子成年后，若解除收养关系，张华夫妻二人缺乏劳动能力又没有生活来源的话，养子仍应给付生活费。若因养子成年后虐待、遗弃张华夫妻二人而解除收养关系的，张华夫妻二人可以要求养子补偿其收养期间所支出的生活费和教育费。

第二篇

继承

1 遗产处理和分配的程序是什么？

典型事例

刘璋与刘斌、刘文系同胞兄弟。被继承人刘民（1999 年 6 月去世）、康华（2005 年 9 月去世），共生育六个子女，长女刘凤（2005 年 11 月去世）、二子刘璋、三子刘斌、四女刘萍、五女刘英、六子刘文。1987 年 8 月因济聊西线公路改建，原有房屋被拆迁，刘民申请在刘村油店边建房 10 间，用地面积长 7.5 丈、宽 6.8 丈。因父母死后，刘斌、刘文占有该 10 间房屋，故二子刘璋起诉到法院要求确认其该对 10 间房屋享有共有权。在案件审理过程中，刘萍、刘英向法院提交了书面声明材料，自愿放弃本案争议财产的继承权。刘凤之子曾学、女儿曾英也向法院提交了书面证明材料，放弃分割被继承人刘民、康华遗产的权利。法院判决，坐落刘村油店建房 10 间由刘璋、刘斌、刘文共同共有。

法津分析

继承开始后，知道被继承人死亡的继承人应当及时通知其他继承人和遗嘱执行人。继承人中无人知道被继承人死亡或者知道被继承人死亡而不能通知的，由被继承人生前所在单位或者住所地的居民委员会、村民委员会负责通知。继承开始后，继承人放弃继承的，应当在遗产处理前，作出放弃继承的表示。没有表示的，视为接受继承。受遗赠人应当在知道受遗赠后两个月内，作出接受或者放弃受赠的表示。到期没有表示的，视为放弃遗赠。

在我国，遗产的处理和分配大致是按如下步骤进行的：

1. 析产，是指将共有财产中属于个人的份额分割出来。夫妻在婚姻关系存续期间所得的共同所有的财产，除有约定的以外，如果分割遗产，应当先将共同所有的财产的一半分出为配偶所有，其余的为被继承人的遗产。遗产在家庭共有财产之中的，遗产分割时，应当先分出他人的财产，其余为被继承人的遗产。

2. 遗产分割时，应保留胎儿的继承份额，应继份额由胎儿的母亲代为保管或行使有关权利。如果胎儿出生时是死体的，为其保留的份额按法定继承办理。

3. 无人继承又无人受遗赠的遗产的处理。无人继承又无人受遗赠的遗产，归国家所有；死者生前是集体所有制组织成员的，归所在集体所有。

---

2 │ 遗嘱和遗赠有什么区别？

典型事例

80 多岁的老王一直孤身一人。其实，他有儿子，60 多年前，老王在四川成了亲，并有了儿子小王。1958 年，老王因招工只身来到新疆。1966 年，老王在原籍与妻子办理了离婚手续，从此再未回过原籍，也没有任何联系。从此以后，老王一直独自生活。

在此期间，老王遇到了对门热心的邻居老张夫妇，多年来，他们像亲人一样无微不至地关照老人的生活，为表达谢意，老人多次口头表示，愿将名下的房产遗赠给老张夫妇之子小张，还曾想过找律师为他的遗言作见证。

2013 年 4 月，老王患重病时，和远在重庆的儿子取得了联系，儿子小王探望后就离开了。直到去年9月，老王病逝，儿子小王又赶回新疆，提出要继承父亲的遗产。

一边是亲子，一边是邻居。老人的遗产究竟该由谁来继承？社区多次调解无果后，老张夫妇以儿子小张的法定代理人身份，一纸诉状将老王的儿子小王起诉到石河子市人民法院。

庭审中，老张夫妇当庭举证证实了被继承人老王在病重期间立下口头遗嘱，并有两个以上见证人。老张夫妇认为，老人的口头遗嘱符合遗赠的条件，小张也表示愿接受遗赠。小王则认为，老张一家虽然在父亲的日常生活上给予了照顾，但是并没有常年贴身照顾老人，老张一家和父亲没有亲属关系，无权继承老人的房产。

针对这起案件，法院审理认为，遗赠属于无偿的民事行为，小王提出老张一家无权继承的意见，没有法律依据。老王的房产由老张夫妇的儿子小张继承；老王的银行几万元存款由小王继承。

法律分析

继承人是指依法继承财产的人，分为法定继承人和遗嘱继承人。

1. 所谓谓法定继承是指按照法律规定的继承人范围、继承人顺序、遗产分配原则的一种继承方式。由于这种继承只是在没有遗嘱时发生法律效力的，故又称无遗嘱继承，也因为法定继承人的范围只限于被继承人的亲属，所以也称为家庭继承。

（1）继承范围包括：① 配偶；②子女，包括婚生子女，非婚生子女，养子女，有抚养关系的继子女；③父母，包括生父母，养父母和有抚养关系的继父母；④ 兄弟姐妹；⑤ 祖父母、外祖父母。

（2）继承开始后，由第一顺序继承人继承，第二顺序继承人不继承。没有第一顺序继承人继承的，由第二顺序继承人继承。

第一顺序：配偶、子女、父母。

第二顺序：兄弟姐妹、祖父母、外祖父母。

子女，包括婚生子女、非婚生子女、养子女和有扶养关系的继子女。

父母，包括生父母、养父母和有扶养关系的继父母。

兄弟姐妹，包括同父母的兄弟姐妹、同父异母或者同母异父的兄弟姐妹、养兄弟姐妹、有扶养关系的继兄弟姐妹。

2. 遗嘱继承是指按照立遗嘱人生前所留下的符合法律规定的合法遗嘱的内容要求，确定被继承人的继承人及各继承人应继承遗产的份额。

公民有处分自己合法所有的个人财产的权利，被继承人在死亡之前对自己合法所有的个人财产进行处分，在其死后生效，充分体现了中国法律对公民个人财产的保护。但是，这种处分应符合法律的规定，应充分考虑老人、妇女、儿童、胎儿及残疾人和无生活来源人的利益，违反法律规定的遗嘱，是不受法律保护的。遗嘱继承优先于法定继承。

3. 所谓遗赠，是公民通过遗嘱方式将其遗产的一部分或全部赠与法定继承人以外的个人或者社会组织，并于遗嘱人死亡时发生法律效力的行为。

设定遗赠的人称遗赠人，接受遗赠的人称受赠人或遗赠受赠人，通过遗赠赠与的财物称为遗赠财产或遗赠物。遗赠是单方的、无偿的法律行为，只需遗赠人一方作出意思表示即可成立，并不需要征得受赠人的同意。但遗赠不同于生前赠与，必须在形式上和内容上具备设立遗嘱的法定要件方为有效。

4. 遗赠与遗嘱继承，都是被继承人以遗嘱处分个人财产的方式，都须具备遗嘱的有效条件才能有效。这是二者的基本相同点。

但依照我国《继承法》的规定，遗赠与遗嘱继承有以下主要区别：

第一，受遗赠人与遗嘱继承人的主体范围不同。受遗赠人可以是法定继承人以外的任何自然人，也可以是国家或者集体，但不能是法定继承人范围之内的人；遗嘱继承人只能是法定继承人范围之内的人，而不能是法定继承人以外的人，也不能是国家或者集体。

第二，受遗赠权与遗嘱继承权的行使方式不同。受遗赠人接受遗赠时，须于法定期间内作出接受的明示的意思表示。我国《继承法》第25条第2款规定："受遗赠人应当在知道受遗赠后两个月内，作出接受或者放弃受遗赠的表示。到期没有表示的，视为放弃受遗赠。"遗嘱继承人接受继承的，无须作出明示的意思表示。自继承开始后遗产分割前，遗嘱继承人未表示放弃继承的，视为接受继承。

第三，受遗赠人与遗嘱继承人取得遗产的方式不同。受遗赠人不能直接参与遗产的分配，而是从遗嘱执行人处取得受遗赠的财产；而遗嘱继承人可直接参与遗产分配而取得遗产。

该案是一起典型的遗赠、遗嘱继承或法定继承竞合的案件。本案中，被继承人老王生前在生命危急的情况下，无法采取其他形式订立遗嘱时，曾立下口头遗嘱，将自己的房产遗赠于法定继承人之外的邻居老张夫妇之子，有两个以上见证人在场见证，符合遗赠的条件。后来老王的病情急剧恶化，未来得及立下书面遗嘱便撒手人寰。

我国《继承法》第17条第5款规定："遗嘱人在危急情况下，可以立口头遗嘱。口头遗嘱应当有两个以上见证人在场见证。危急情况解除后，遗嘱人能够用书面或者录音形式立遗嘱的，所立的口头遗嘱无效。"根据以上法律规定，法院认为，老王所立的口头遗嘱合法有效，因此作出以上判决。

3 父亲死后，孙子有权继承爷爷的遗产吗？

典型事例

刘家店镇前吉山村的李老先生中年丧子，后独自抚养孙子小李上学，照顾其生活。李老先生除小李父亲外，还有两个女儿，均已结婚，生活稳定。小李的两位姑姑定期回来看望他和爷爷，适当照顾二人生活。

今年7月份，年迈的李老先生因突发心脏病去世，留下老房5间。小李要求以孙子的身份继承房屋，两个姑姑却说小李是第二顺序继承人，在存在第一顺序继承人的情况下，无权继承李老先生遗产。

法律分析

本案涉及继承中非常重要的一个法律概念——代位继承。所谓代位继承是指被继承人的子女先于被继承人死亡时，由被继承人子女的晚辈直系血亲代替先死亡的长辈直系血亲继承被继承人遗产的一项法定继承制度，又称间接继承。先于被继承人死亡的继承人，称被代位继承人，简称被代位人。代替被代位人继承遗产的人称代位继承人，简称代位人。代位人代替被代位人继承遗产的权利，叫代位继承权。

具体到本案中，小李的父亲由于先于老李死亡，所以小李就拥有了父亲该有的继承权，小李代位继承爷爷老李的遗产。

适用代位继承必须符合以下条件：

第一，被代位人必须先于被继承人死亡。这既是中国代位继承成立的首要条件和唯一原因，也是其与转继承的重要区别之一。

第二，先死亡的被代位人，必须是被继承人的子女，其他继承人如被继承人的配偶、父母、兄弟姐妹、祖父母、外祖父母等先于被继承人死亡不发生代位继承。与一些国家相比，中国规定的被代位人的范围比较窄，这与继承立法缩小继承人范围的趋势是相吻合的。

第三，代位继承人必须是被代位人的晚辈直系血亲。各国法律均规定，代位继承只能是被代位继承人的直系卑亲属，被代位人的旁系血亲或直系长辈血亲均无权代位继承。原则上代位继承人没有代数限制。《继承法》第 11 条规定："被继承人的子女先于被继承人死亡的，由被继承人的子女的晚辈直系血亲代位继承。"最高人民法院《关于贯彻执行〈中华人民共和国继承法〉若干问题意见》中又进一步明确指出，被继承人的孙子女、外孙子女、曾孙子女、曾外孙子女都可以代位继承，代位继承人不受辈分限制。

第四，被代位人生前必须享有继承权，如被代位继承人基于法定事由丧失继承权，则连带引起代位继承权的消灭。最高人民法院《关于贯彻执行〈中华人民共和国继承法〉若干问题意见》第 28 条指出："继承人丧失继承权的，其晚辈直系血亲不能代位继承。"

第五，代位继承只适用于法定继承，在遗嘱继承中不适用。亦即只有被代位继承人的法定继承权才能被代位，如其享有的是遗嘱继承权，则该遗嘱会因先于被继承人死亡而失效，此时不发生代位继承。

第六，代位继承人无论人数多少，原则上只能继承被代位继承人有权继承的份额。

综上所述，小李是有权继承爷爷的遗产份额的。

法津分析

《继承法》第10条第3、4款："本法所说的子女，包括婚生子女、非婚生子女、养子女和有扶养关系的继子女。本法所说的父母，包括生父母、养父母和有扶养关系的继父母。"

第11条："被继承人的子女先于被继承人死亡的，由被继承人的子女的晚辈直系血亲代位继承。代位继承人一般只能继承他的父亲或者母亲有权继承的遗产份额。"

最高人民法院《关于贯彻执行〈中华人民共和国继承法〉若干问题的意见》第25条："被继承人的孙子女、外孙子女、曾孙子女、外曾孙子女都可以代位继承，代位继承人不受辈数的限制。"

第26条："被继承人的养子女、已形成扶养关系的继子女的生子女可代位继承；被继承人亲生子女的养子女可代位继承；被继承人养子女的养子女可代位继承；与被继承人已形成扶养关系的继子女的养子女也可以代位继承。"

第27条："代位继承人缺乏劳动能力又没有生活来源，或者对被继承人尽过主要赡养义务的，分配遗产时，可以多分。"

4 转继承与代位继承有什么区别？

典型事例

村民郑某有三子一女，均已成年。2001年冬，郑某的大儿子因患癌症，医治无效死亡，留有两个儿子（即郑某的两个孙子）。2003年春，郑某去世，遗有两个儿子，一个女儿。当时因故遗产没有分割。2005年，郑某的两个儿子又在一次车祸中不幸死亡，各自遗有一个女儿（即郑某的两个孙女）。2006年准备处理郑某的财产，郑某的女儿、两个孙子、两个孙女为继承遗产发生纠纷。本案中，郑某的两个孙女的父亲都是在郑某去世后又死亡的，那么两个孙女是否有继承权呢？

法律分析

本案中郑某的两个孙女的继承问题涉及的是继承法中另一个重要的概念，那就是转继承。

1. 所谓转继承，是指继承人在继承开始后实际接受遗产前死亡，该继承人的合法继承人代其实际接受其有权继承的遗产。转继承人就是实际接受遗产的死亡继承人的继承人。结合到本案，由于郑某的两个儿子是在郑某去世之后遗产分割之前出车祸去世的，所以两个孙女就成为转继承人。

依据最高人民法院《关于贯彻执行〈中华人民共和国继承法〉若干问题的意见》第52条"继承开始后，继承人没有表示放弃继承，并于遗产分割前死亡，其继承遗产的权利转移给他的合法继承人"和第53条"继承开始后，受赠人表示接受遗赠，并于遗产分割前死亡的，其接受遗赠的权利移转给他的继承人"的规定，转继承有以下的特征：①只有在被继承人死亡之后，遗产分割之前，继承人也相继死亡，才发生转继承；②只有继承人在前述的时间内死亡而未实际取得遗产，而不是放弃继承权；③只能由继承人的法定继承人直接分割被继承人的遗产；④转继承人一般只能继承其被转继承人应得的遗产份额；⑤ 转继承人可以是被继承人的直系血亲，也可以是被继承人的其他合法继承人。

2. 转继承和代位继承都是因继承人死亡无权行使继承权而发生的、由继承人的继承人行使被继承人的财产继承，但二者之间存在明显的区别：

第一，性质和效力不同。转继承是在继承开始，继承人直接继承后，又转由转继承人继承被继承人的遗产，实质上是就被继承人的遗产连续发生的两次继承。转继承人享有的实际上是分割被继承人遗产的权利，而不是继承被继承人遗产的遗产继承权，转继承人行使的只是对继承人的遗产继承权（被转继承人取得遗产份额构成其遗产），而不是对被继承人的遗产继承权。而代位继承是代位人基于代位继承权直接参加遗产继承，代位继承人享有的是对被继承人遗产的代位继承权。代位继承人参加继承所行使的是对被继承人遗产的继承权，而不是对被代位人的遗产继承权。

第二，发生的时间和成立条件不同。转继承发生在继承开始后遗产分割前，并且可因任何一继承人的死亡而发生，任何一个继承人都可成为被转继承人。而代位继承只能是因被继承人的子女先于被继承人死亡而发生，只有被继承人的子女才能成为被代位继承人。

第三，主体不同。转继承人是被转继承人死亡时生存的所有法定继承人，被转继承人可以是被继承人的任一继承人。被转继承人有第一顺序法定继承人的，由第一顺序法定继承人转继承；没有第一顺序法定继承人的，则可由第二顺序法定继承人转继承。而代位继承中的代位继承人仅限于被继承人的晚辈直系血亲，被代位人只能是先于被继承人死亡的子女，被代位人的其他法定继承人不能代位继承。

第四，适用范围不同。转继承可以发生在法定继承中，也可以发生在遗嘱继承中。例如，遗嘱中指定的遗嘱继承人于继承开始后未表示放弃继承权，但在未实际接受遗产前死亡，此时该遗嘱继承人依照遗嘱应得到的遗产由其法定继承人继承，这也就发生转继承。不仅在遗嘱继承中会发生转继承，并且在遗赠中也会发生受遗赠人于继承开始后在法定时间内明确表示接受遗赠但在未实际接受遗赠财产时死亡，该受遗赠人的法定继承人有权继承该受遗赠人应受领的遗赠财产。而代位继承只是用于法定继承，在遗嘱继承中不适用。

3. 郑某的两个孙子根据代位继承法律制度享有继承权。案情显示两个孙子满足代位继承的所有法律要件：①被代位继承人郑某的大儿子于2001年冬死亡，早于2003年春死亡的被继承人郑某；②被代位继承人郑某的大儿子是被继承人郑某的子女；③被代位继承人郑某的大儿子没有丧失继承权；④代位继承人郑某的两个孙子是被代位继承人郑某大儿子的晚辈直系血亲。综上，郑某的两个孙子是代位继承人，享有继承权。

郑某的两个孙女根据转继承法律制度享有继承权。案例中的案情显示两个孙女满足转继承的所有法律要件：①被转继承人郑某的两个儿子于2005年在车祸中死亡，而郑某已于2003年死亡，继承已经开始，但是因故没有分割遗产，满足被转继承人在被继承人死亡以后，遗产分割以前死亡的要件；②被转继承人郑某的两个儿子没有丧失继承权或放弃继承权；③转继承人郑某的两个孙女分别是两个被转继承人郑某两个儿子的合法继承人。综上，郑某的两个孙女是转继承人，具有继承权。

4. 不满足代位继承和转继承要件的孙子女、外孙子女有无继承权？

我国法律关于法定继承权及继承顺序的规定，可参见《继承法》第10条第1、2款，遗产按照下列顺序继承：第一顺序：配偶、子女、父母；第二顺序：兄弟姐妹、祖父母、外祖父母。继承开始后，由第一顺序继承人继承，第二顺序继承人不继承。没有第一顺序继承人继承的，由第二顺序继承人继承。根据此条规定，孙子女、外孙子女既不属于第一顺序继承人，又不属于第二顺序继承人，不能直接取得继承权，只能通过代位继承或转继承取得继承权。如果不能满足代位继承或转继承的法律构成要件，则孙子女和外孙子女将不享有继承权。

在案例中，如果郑某的女儿有子女，他们是不享有继承权的。这就是因为郑某的女儿在遗产分割时并没有死亡，其作为第一顺序继承人能够参加继承，不能发生代位继承或转继承的情况，因此，郑某女儿的子女不能享有继承权。

5 丧偶儿媳是否有权继承公婆的遗产？

典型事例

被继承人李兰爱人早逝，李兰夫妇有两个儿子，长子李刚，次子李铁。长子李刚于 2004 年先于被继承人亡故，其媳张某自丈夫去世后，便与李铁一起承担了赡养被继承人的义务。李兰的儿子李铁在李兰生前很少回家探望，李兰的日常饮食起居，都是由儿媳张某一人照顾，李兰临终的前几个月，儿媳张某不仅在老人身边细心伺候，还承担了老人 1/3 的丧葬费。李铁却在母亲生病期间很少探望。张某后在处理老人的遗物时发现有 3 万元现金，但李铁持有该 3 万元后不同意分配给张某，形成纠纷，张某遂诉至法院，要求按第一顺序继承人的身份继承遗产。那么儿媳张某是否可以继承李兰的遗产呢？

法律分析

《继承法》第 11 条规定，被继承人的子女先于被继承人死亡的，由被继承人的子女的晚辈直系血亲代位继承。代位继承人一般只能继承他的父亲或者母亲有权继承的遗产份额。第 12 条规定，丧偶儿媳对公、婆，丧偶女婿对岳父、岳母，尽了主要赡养义务的，作为第一顺序继承人。

一般来说，一个家庭中，无论是感情交流，经济联系，抑或是从法定的权利义务来看，夫妻关系最密切，子女、父母次之，再次是兄弟姐妹、祖父母、外祖父母。所以也就存在法定的第一顺序继承人与第二顺序继承人之别。因此，当被继承人死亡时，尽管他们没有做出如何处分财产的意思表示，但从他们的亲属关系和生前的思想感情出发，推定由他们最亲近的人继承。这符合人们生活的一般情理，也符合死者的意愿，更符合我国的法律制度。作为儿媳，其与公婆在法律上几无权利义务可言，更何况是丧偶儿媳，其与公婆仅有的姻亲法律关系也随其丈夫的亡故而消灭。故，丧偶儿媳要作为第一顺序继承人，对被继承人而言，要做到"视同己出"，这不是短期赡养行为所能达到的。

丧偶儿媳要质变为第一顺序继承人，离不开赡养行为的量变。而在量变的过程中，被继承人无义务为丧偶儿媳创造让其尽孝道从而获得继承权的机会。也即让被继承人在有收入又有自理能力，且有其他子女赡养的情况下，放弃这些优越的条件去接受本无继承权人的赡养，这与常情相悖，也与现实不符。所以，我国司法解释法定了丧偶儿媳、女婿取得继承权应得到的"量"，即为老人提供了主要的经济来源或劳务。而关于精神慰藉则无法从客观上予以考量。所以，司法解释关于丧偶儿媳、女婿取得继承权的规定仍具有其合理性。这种中国特色的继承制度对于构建和谐社会仍具有积极意义，并不因社会的发展而滞后。

本案中，我们看到，李兰的儿媳张某已经达到了法律所规定的对公婆尽了主要的赡养义务，正是由于儿媳的极尽孝道的行为，法律赋予了丧偶儿媳作为第一顺序继承人的权利。假如张某只是尽到了一半的赡养义务，比如和二儿子李铁轮流照顾李兰，那么张某就不会有第一顺序继承的权利，如果张某夫妇有孩子，李兰的遗产只能由孩子代位继承。

6 "私生子"有继承权吗?

典型事例

50岁的郭军家境富裕，但与妻子王丽关系却不好，常常为了一些鸡毛蒜皮的小事吵闹。22岁的儿子也劝说不动父母，只能暗自烦恼。

渐渐地，外边有消息传出，说郭军与妻子关系不好，主要是因他与一发廊小姐刘某相好，而且还生有一子，已经有两周岁。而妻子王丽因不想失去家庭和伤害儿子，故没有与郭军离婚，只是一再谴责郭军。

郭军因家庭和外界的众多压力，逐渐冷落刘某和私生子。结果刘某以儿子的名义，将郭军告上了法庭，要求郭军负担儿子的抚养费用。因郭军与孩子有血缘关系，是孩子的亲生父亲，故法庭判决郭军每月支付刘某及儿子生活费500元。

本来事情已经快要解决了，结果不久后，郭军到外地出差，遭遇了车祸，不幸意外死亡。而王丽便因此不再支付刘某和孩子的生活费。可刘某也不示弱，很快就以儿子的名义，向法庭起诉，不仅要求王丽一家支付孩子的生活费用，还要分割郭军的遗产份额，这让王丽非常生气。王丽说："孩子只是个私生子，又不是婚生的，他的存在就是不合法的，凭什么还要分割我丈夫的遗产?"刘某说："孩子是郭军的亲生儿子，这是事实，他有权利继承父亲的遗产。"到底谁的主张符合法律呢?

法院经过审理后认为：虽然孩子不是婚生子女，但仍然同婚生子女一样，享有同等的继承权，而且孩子也一直没有与他人形成收养关系，因此，孩子是有权继承父亲的遗产的。根据审理，刘某与郭军之子可继承郭军30%的遗产。

法津分析

本案中，让王丽不解的是，突然冒出的这个孩子，竟然可以有权分得丈夫的一部分遗产。其实很多人都存在这样的困惑，认为私生子女是没有权利继承生父或生母遗产的，因为他们属于非婚生子女，而且大多是不合法的男女两性关系所致，不受法律保护。我们现在想来也的确如此，甚至觉得私生子女是"见不得光"的。那么，法律对这些非婚生子女的继承问题，又会做出何种解释呢？

非婚生子女，俗称"私生子"，婚生子女的对称，也就是指没有婚姻关系的父母所生的子女，也可以指未婚男女所生的子女，当然，也指已有配偶的人与他人发生不正当两性关系所生的子女。总之，这些孩子有一大堆的不雅称呼。

在我国，一切不合法的男女两性的关系，都是不受法律保护的，但是，非婚生子女的合法权利还是受到国家法律的充分保护的。这是因为，首先，非婚生子女虽然是不正当的男女性行为所生的子女，但这种不正当的行为应当由非婚生子女的父母来承担，而不应该由非婚生子女本人来负责。不论在任何时候，孩子都是无辜的。

其次，我国《继承法》在确定继承人的范围和继承顺序时，是根据继承人与被继承人之间的婚姻关系和血缘关系的远近程度、经济上的相互依赖程度和共同生活的密切程度来决定的。私生子女虽然在一般情况下都不与父亲（有时也包括母亲）共同居住、共同生活，但是他们与父母之间的血缘关系却依然是存在的，是最近的，因此我国法律赋予了私生子女与婚生子女一样的权利。

并且为了保护这些私生子女的利益，我国《婚姻法》第 25 条中还明确规定："非婚生子女享有与婚生子女同等的权利，任何人不得加以危害和歧视。不直接抚养非婚生子女的生父或生母，应当负担子女的生活费和教育费，直至子女能独立生活为止。"而《继承法》中也有规定，认为非婚生子女与婚生子女一样，享有继承的权利。因此，从继承法律关系讲，非婚生子女同婚生子女一样，都是独立的继承主体，都享有同等的继承权，任何人都无权对其进行歧视、限制和剥夺。

但是，需要注意的是，不是在任何情况下非婚生子女都能继承父母遗产的。如果非婚生子女已与父母以外的人形成了收养关系，那么他们就不能再继承生父母的遗产，而只能继承养父母的遗产了。

法 津依据

《婚姻法》第 25 条规定："非婚生子女享有与婚生子女同等的权利，任何人不得加以危害和歧视。

不直接抚养非婚生子女的生父或生母，应当负担子女的生活费和教育费，直至子女能独立生活为止。"

《继承法》第 10 条规定："遗产按照下列顺序继承：

第一顺序：配偶、子女、父母。

第二顺序：兄弟姐妹、祖父母、外祖父母。

继承开始后，由第一顺序继承人继承，第二顺序继承人不继承。没有第一顺序继承人继承的，由第二顺序继承人继承。

本法所说的子女，包括婚生子女、非婚生子女、养子女和有扶养关系的继子女。

本法所说的父母，包括生父母、养父母和有扶养关系的继父母。

本法所说的兄弟姐妹，包括同父母的兄弟姐妹，同父异母或者同母异父的兄弟姐妹、养兄弟姐妹、有扶养关系的继兄弟姐妹。"

7 什么情况下会丧失继承权？

典型事例

张某有两个子女，哥哥和妹妹，其中妹妹有先天残疾。在兄妹两成人以后，母亲先去世，父亲后去世。父亲考虑到女儿有残疾，就留下如下遗嘱：把自己和妻子的所有财产分成两份；一份为全部遗产的2/3留给女儿；一份为全部遗产的1/3，留给儿子。老人去世以后，儿子收拾老人的房间，发现了这份遗嘱，就把这份遗嘱的两个继承人的名字改了，把2/3的遗产份额改为自己继承，把1/3的遗产份额改为妹妹继承。这份遗嘱后来被鉴定机关鉴定为确经篡改过的遗嘱。妹妹向法院起诉，要求法院确认父母的遗产由自己继承，哥哥丧失继承权。最终法院支持了妹妹的诉讼主张，判决妹妹继承其父母的全部遗产。

法律分析

本案涉及继承权的丧失问题，我们老百姓普遍认为，继承是天经地义的事情，是不会丧失的权利，但是法律为了保护继承人的继承权，特别规定了继承权的丧失。

所谓继承权丧失是指本来具有继承资格的人因犯有某些严重违反人伦道德的罪行，或有严重的不道德行为，而丧失作为继承人的资格，不再享有继承遗产的权利。

根据我国法律规定，继承人有下列行为之一的，丧失继承权：

1. 故意杀害被继承人的。继承人故意杀害被继承人是一种严重的犯罪行为，不论是既遂还是未遂都丧失继承权。

2. 为争夺遗产而杀害其他继承人的。继承人杀害其他继承人，既包括法定继承人杀害遗嘱继承人的情形，也包括遗嘱继承人杀害法定继承人；既包括第一顺序继承人杀害第二顺序继承人，也包括第二顺序继承人杀害第一顺序继承人。

根据有关司法解释，继承人为争夺遗产而杀害其他继承人的，如果被继承人以遗嘱方式将遗产指定由该继承人继承的，可以确认遗嘱无效，并按《继承法》第8条处理。

3. 遗弃被继承人的，或者虐待被继承人情节严重的。遗弃被继承人是指对没有劳动能力又没有生活来源的被继承人有扶养义务而拒不履行扶养义务；所谓虐待被继承人是指在被继承人生前对其从身体上或精神上进行摧残或者折磨。

对遗弃被继承人的，不管情节是否严重，都丧失了继承权，但继承人如确有悔改表示且被遗弃人在生前表示宽恕的，可以不确认其丧失继承权。

虐待被继承人情节是否严重，可以从实施虐待行为的时间、手段、后果和社会影响而定。如果虐待被继承人情节严重，则丧失继承权，若继承人确有悔改表现且被虐待人生前表示宽恕的，可不确认其丧失继承权。

4. 伪造、篡改或者销毁遗嘱，情节严重的。伪造遗嘱是指以被继承人的名义制造假遗嘱。篡改遗嘱是指改变被继承人所立的遗嘱的内容。销毁遗嘱是指将被继承人所立的遗嘱毁灭。伪造、篡改或者销毁遗嘱情节是否严重是判断继承权是否丧失的标准。

最高人民法院《关于贯彻执行〈中华人民共和国继承法〉若干问题的意见》第14条规定，继承人伪造、篡改或者销毁遗嘱，侵害了缺乏劳动能力又无生活来源的继承人的利益，并造成其生活困难的，应认定其行为情节严重。继承权丧失有以下特点：

第一，继承权丧失不仅适用于法定继承，也适用于遗嘱继承。只要继承人有《继承法》第 7 条规定的行为之一，无论是法定继承人还是遗嘱继承人都丧失继承权。

第二，丧失继承权是一种民事制裁。继承权是一种民事财产权，所以丧失继承权是一种民事制裁。

第三，继承人丧失继承权必须符合《继承法》第 7 条规定的条件。公民的继承权受法律保护，不能随意剥夺，只有公民有《继承法》规定的严重违反人伦道德的罪行或严重不道德的行为才丧失继承权。

第四，继承权丧失仅具有相对性。也就是说丧失继承权并不意味着继承人从此失去了对一切被继承人的继承权，而仅仅是丧失了对特定继承人的继承权。因为继承权本身是个相对的概念，即只存在对某个被继承人的继承权，而不存在对全体被继承人的总的继承权。继承人对某个被继承人有依法应丧失继承权的行为时，仅丧失对该被继承人的继承权，而不影响其对其他被继承人的继承权。如某人故意杀死了父亲，便丧失了对其父亲的继承权，但他仍有权继承其母亲和妻子的遗产。

法津依据

《继承法》第 7 条："继承人有下列行为之一的，丧失继承权：

（一）故意杀害被继承人的；

（二）为争夺遗产而杀害其他继承人的；

（三）遗弃被继承的，或者虐待被继承人情节严重的；

（四）伪造、篡改或者销毁遗嘱，情节严重的。"

第 8 条："继承权纠纷提起诉讼的期限为二年，自继承人知道或者应当知道其权利被侵犯之日起计算。但是，自继承开始之日起超过二十年的，不得再提起诉讼。"

8 公民生前的哪些财产可以作为遗产被继承？

典型事例

被继承人杨三系杨某某、田某之子。1985年10月，父子分家析产，杨三分得房屋一处3.5间。但约定，其父母享有其中的1.5间产权。因当时杨三未婚，仍与父母共同生活。1987年6月，杨三与徐某结婚，婚后仍与杨三父母共同生活。1987年11月，徐某病故，遗留有个人财产：被、褥各4床、毛毯1床、木箱4口、沙发1对等；夫妻共同财产有：录音机1台、缝纫机1台。由于徐某父母双亡，无其他继承人，故杨三未分割遗产。1988年2月，杨三与张某结婚。次月，杨三夫妇与其父母分居生活，当时杨三从家庭共有财产中带走14英寸彩电1台、100型摩托车1辆及家具1套。

2008年6月，杨三在矿洞里突然被砸死亡，9月其妻张某产一女儿。杨三夫妇共同生活期间购买洗衣机1台，煤气罐1套，计款1912元，夫妻共同债务483.20元，共同财产扣除共同债务后，夫妻共同财产剩余1428.80元。

杨三遗留的个人财产有：房屋两间、14英寸彩电1台、100型摩托车1辆，债权1148元。此外，杨三与他人合伙经营，尚有合伙财产及采矿设备1套，存款8000元，矿石款6万元，黄金十余两。杨三死亡前，曾在保险公司投入身保险，保险公司应支付保险金5000元，受益人是其妻子张某。

法津分析

在这里我们为大家介绍一下公民生前的哪些财产可以作为遗产被继承。

根据《继承法》的有关规定，遗产必须符合三个特征：第一，必须是公民死亡时遗留的财产；第二，必须是公民个人所有的财产；第三，必须是合法财产。这三个条件必须同时具备，才能成为遗产。遗产包括以下几项：①公民的合法收入，如工资、奖金、存款利息、从事合法经营的收入、继承或接受赠予所得的财产；②公民的房屋、储蓄、生活用品；③公民的树木、牲畜和家禽，树木主要指公民在宅基地上自种的树木和自留山上种的树木；④公民的文物、图书资料，公民的文物一般指公民自己收藏的书画、古玩、艺术品等，如果上述文物之中有特别珍贵的文物，应按《中华人民共和国文物保护法》的有关规定处理；⑤法律允许公民个人所有的生产资料，如农村承包专业户的汽车、拖拉机、加工机具等，城市个体经营者、华侨和港、澳、台同胞在内地投资所拥有的各类生产资料；⑥公民的著作权、专利权中的财产权利，即基于公民的著作被出版而获得的稿费、奖金，或者因发明被利用而取得的专利转让费和专利使用费等；⑦公民的其他合法财产，如公民的国库券、债券、股票等有价证券，复员、转业军人的复员费、转业费，公民的离退休金、养老金等。

在认定遗产的范围时应当注意以下两个问题：一是要区别被继承人的个人遗产与共同财产。遗产只能是死者的个人合法财产。《继承法》中明确规定，对夫妻在婚姻关系存续期间所得的共同所有的财产，除有约定的以外，应当先将共同所有的财产的一半分出为配偶所有，其余的为被继承人的遗产。根据相关法律、法规和司法解释，下列财产不能纳入遗产范围：①国家或集体职工因公死亡，革命军人牺牲或病故，公民因交通事故或其他意外事故而死亡时，有关国家机关、企事业单位、社会团体依照国家制定的劳动保险法规定、革命军人牺牲与病故抚恤的规定、交通安全法规定或其他有关法律规定，给予受该死者生前抚育、扶助和赡养的家属一定金额的抚恤费和其他生活补助费。因为这些抚恤费，其性质并不是对死者个人利益的经济补偿，而是国家对死者特定家属所给予的精神慰藉和物质帮助，应由有关人员直接享受，不属于死者遗留的个人财产。当然，有关部门发给因公伤残而丧失劳动能力的职工、军人的生活补助，归个人所有，这类抚恤金可以作为遗产继承。②人身保险金。按照《保险法》的规定，被保险人如果指定了第三人为其人身保险合同的收益人时，如果被保险人死亡，收益人可直接请求保险人向其支付保险金，该保险金不列入被保险人遗产范围。当然，如果被保险人没有指定受益人的，该保险金仍属被保险人遗产范围内。

9 公证遗嘱的效力如何？

典型事例

王老太在丈夫早年去世后，靠自己把3个子女拉扯大，现3个子女均在外省工作生活。十多年前，王老太用自己辛勤劳动所得积蓄购置了一套商品房，并在那里居住。近年来，王老太日渐衰老，饮食起居基本上由邻居邹女士照料，3个子女也很少回本市或者把王老太接到身边照顾。去年，王老太因病住院，病情日趋严重，自感时日无多，为报答邹女士多年来对自己的照顾，遂决定立下遗嘱，将自己那栋房屋遗赠给邹女士，并请公证处办理该份遗嘱的公证手续。王老太去世前几天，其3个子女从外地赶来，他们一起说服王老太在病榻上写下了将该房屋给3个子女继承的遗嘱。那么，王老太去世后，她的房屋应由谁来继承？

法律分析

所谓公证遗嘱，是指遗嘱人生前订立并经公证机关公证的遗嘱。遗嘱人可以在法律允许的范围内，按照法律规定的方式对其遗产或其他事务做出个人处分，并于遗嘱人死亡时发生效力，这种处分行为就是遗嘱。遗嘱人订立遗嘱的方式有自书遗嘱、代书遗嘱、口头遗嘱、公证遗嘱等，其中以公证遗嘱的证明力最高。

自书遗嘱，是指遗嘱人亲笔制作的书面遗嘱，遗嘱人有权依照法律的规定，根据自己的意志对死后的财产预先做出处分。

1. 公证遗嘱中一般包括以下内容：

（1）遗嘱人的姓名、性别、出生日期、住址；

（2）遗嘱处分的财产状况（名称、数量、所在地点以及是否共有、抵押等）；

（3）对财产和其他事务的具体处理意见；

（4）有遗嘱执行人的，应当写明执行人的姓名、性别、年龄、住址等；

（5）遗嘱制作的日期以及遗嘱人的签名。

遗嘱中一般不得包括与处分财产及处理死亡后事宜无关的其他内容。

2. 办理公证遗嘱应该注意的事项：

（1）办理遗嘱公证，遗嘱人应当亲自到公证处办理，不能委托他人代办；

（2）立遗嘱人应神智清晰，能真实地表达自己的意思，无受胁迫或受欺骗等情况；

（3）原来已在公证处办过遗嘱公证的，现要变更或撤销原遗嘱公证的，应当提交原来的遗嘱公证书并到原公证处办理；

（4）立遗嘱人死亡后，遗嘱继承人应当持遗嘱公证书、死者死亡证明，及本人身份证件到公证处办理继承权公证。如遗嘱受益人不在法定继承人范围的，为受遗赠人。则受遗赠人必须在知道受遗赠后两个月内到公证处办理接受遗赠的声明书公证。

我国《继承法》第5条规定："继承开始后，按照法定继承办理；有遗嘱的，按照遗嘱继承或者遗赠办理；有遗赠扶养协议的，按照协议处理。"第20条规定："遗嘱人可以撤销、变更自己所立的遗嘱。立有数份遗嘱内容相抵触的，以最后的遗嘱为准。自书、代书、录音、口头遗嘱，不得撤销、变更公证遗嘱。"王老太前后立有两份遗嘱，内容相抵触，但由于前一份遗嘱办理了公证手续，属"公证遗嘱"，后一份属于自书遗嘱，同时，经过审查，王老太前一份遗嘱并没有违反《继承法》第19条"遗嘱应当对缺乏劳动能力又没有生活来源的继承人保留必要的遗产份额"的规定，因此王老太名下的该套商品房应由邹女士受遗赠，经过办理公证手续后，该房屋可转入邹女士名下，而王老太的3个子女只能"望房兴叹"。如王老太的确要变更遗嘱，将遗产由其3个子女继承，应先办理撤销前一份遗嘱的公证，然后重新立下遗嘱，才有法律效力。

10 代书遗嘱什么情况下才会有效？

典型事例

原、被告系兄弟、兄妹关系。1961年原告赵亮之母孙某携原告与赵某结婚，婚生一子二女，即被告赵前、赵石、赵定。1968年赵某与孙某共同建房一处，用于居住。1979年左右，赵某与孙某及其子女再建民房一处，1985年原告结婚居住该民房至今。

1992 年被告赵前结婚，居住在赵某所居住的房东间。在此期间，1991 年 8 月，某市人民政府下发了集体土地建设用地使用证。原告赵亮所居住的房屋登记在赵亮名下，赵某居住的房屋登记在赵某名下。2000 年孙某死亡，2004 年赵某又与王某结合，但未到婚姻机关登记。2005 牛 3 月 3 日，赵某签名由见证人赵定书写遗嘱，内容是："本人赵某把所有本人财产全部转交给我的儿子赵前，由他处理，其他人无权处理。" 2005 年 4 月 2 日由赵定代笔由王某、唐某、赵某某作为见证人，赵某又立了相同内容的遗嘱。2006 年，赵某去世，原、被告双方为遗产发生纠纷，现原告赵亮主张遗嘱无效，要求依法分割赵某的房产；被告反诉要求将原告赵亮名下的房产也作为遗产来分割。

法 津分析

本案双方争议的焦点是，被告赵前提供的由被继承人赵某所立的两份代书遗嘱是否有效。

1. 所谓代书遗嘱，是指遗嘱人请他人代替自己书写遗嘱。遗嘱是遗嘱人对自己的财产或其他事项所做的处理，应当由遗嘱人自己完成。但是，遗嘱人不识字或因生病等不能书写，或者不愿意自己书写的，可以委托他人代写遗嘱。《继承法》第 17 条第 3 款规定："代书遗嘱应当有两个以上见证人在场见证，由其中一人代书，注明年、月、日，并由代书人、其他见证人和遗嘱人签名。"

代书遗嘱若要被法律所承认，必须具备以下几个条件：

（1）遗嘱人口述遗嘱内容，由见证人代替遗嘱人书写遗嘱。代书遗嘱不是代书人按照自己的意思设立遗嘱，而是代书人按照遗嘱人的意思表示，如实地记载遗嘱人口述的遗嘱内容，而不可对遗嘱内容做出任何更改或修正。

（2）代书遗嘱必须有两个以上见证人在场见证，其中一人可为代书人。见证人一般是遗嘱人指定的，并经本人同意的公民，不能以组织的名义为遗嘱见证人。《继承法》对见证人数量上的要求，主要是为了保障代书遗嘱确实是遗嘱人真实意愿的表露，也为了防止日后就遗嘱的效力发生纠纷。

（3）代书人、见证人和遗嘱人必须在遗嘱上签名，并注明年、月、日。代书人应将书写完毕的遗嘱交由其他见证人核实，并向遗嘱人当场宣读，经遗嘱人认定无误后，由代书人、其他见证人和遗嘱人签名，并注明具体日期。在场见证的人为3人或更多的，都在遗嘱上签名更好，少则也得保证两人签名。代书人、见证人和遗嘱人必须亲笔签名，不允许他人代签。

遗嘱人不能书写姓名的，可否用捺指印代替？《继承法》未规定这种替代办法，但根据大多数学者的意见，认为确有一些公民不具有书写遗嘱的能力，甚至连自己的名字也不会写，所以应当允许这少许特殊的公民，在代书遗嘱上捺指印代替签名。但是，有书写能力的遗嘱人不得用捺指印取代签名，代书人、见证人均不得以捺指印的方式代签名。

（4）遗嘱代书人应当具有完全的民事行为能力，不是未成年人或者精神上、智力不健全的人。遗嘱代书人必须不是继承人、受遗赠人，也不是与继承人有利害关系的人。继承人、受遗赠人因其直接参加继承，同继承存在着直接而重大的利害关系，如果让他们担任遗嘱代书人，难免会弄虚作假，损害其他继承人的利益，甚至出现篡改遗嘱、歪曲遗嘱本意、增加或减少遗嘱内容等行为，给其他继承人的利益造成损害。即使作为遗嘱代书人的继承人、受遗赠人本人没有恶意，也没有弄虚作假从中渔利，但因为其特殊的身份，必然引起其他人的猜疑，引发不必要的纠纷。因此，继承人、受遗赠人及与其有利害关系的人不能作遗嘱代书人。

2. 根据我国《继承法》的相关规定，遗嘱是要式法律行为，遗嘱人必须按照法律规定的遗嘱形式和有效条件设立遗嘱，才能于遗嘱人死后发生执行的效力，否则遗嘱无效。代书遗嘱也不例外，其有效成立必须具备相应的形式要件和实质要件，其中的实质要件就是代书遗嘱的内容必须是遗嘱人真实的意思表示，且设立遗嘱时遗嘱人必须具有完全民事行为能力。

本案中，对被告提供的遗嘱人赵某的两份代书遗嘱，因原告未提供相反的证据证明该遗嘱非赵某的真实意思表示，且书写遗嘱时赵某不具备完全民事行为能力，故对被告提供的两份代书遗嘱在形式要件上应认定是合法的，但并不能据此认定两份遗嘱的有效性。鉴于代书遗嘱的特殊性，《继承法》中对代书遗嘱成立的形式要件也作了详细规定。被告提供的第一份代书遗嘱仅有本案当事人赵定代笔，无见证人参加见证，而赵定与赵前系姐弟关系，是法定继承人之一，应视为法律上的利害关系人，故该份遗嘱不符合代书遗嘱的形式要件。被告提供的第二份代书遗嘱有三个见证人，其中见证人王某是遗嘱人赵某的同居者，出于和赵某共同生活的感情及赵某给予她经济上的支持，应认定其与本案有利害关系，不能作为遗嘱见证人；见证人唐某是赵某的妹夫、赵某某是赵某的妹妹，与三被告系亲姑侄、姑侄女关系，是本案遗嘱继承人即赵前的近亲属，与原告赵亮则没有任何亲属关系，故上述见证人应视为本案遗嘱继承人赵前的利害关系人，并且代书人赵定并不是该份遗嘱的见证人之一，当然不能成为该遗嘱的代书人，故被告提供的两份代书遗嘱形式要件均有欠缺，应认定为无效。在遗嘱认定无效的情况下，被继承人赵某的遗产应按法定继承处理，由原、被告四人每人继承赵某遗产的1/4份额。

11 同居期间，一方死亡，另一方是否有继承权？

典型事例

2006 年初田某与王某经人介绍后相识，不久两人便确立了恋爱关系，两人结婚前一直以夫妻的名义同居，后于 2011 年初举行了结婚仪式，但一直未进行婚姻登记。后田某和自己的父亲老田共同在县城开了一家店铺，由于田某善于经营，生意红火。2013 年 3 月的一天，田某外出进货途中不幸在一次车祸中死亡。田某死亡后，留下了店铺的份额共计 30 万元，登记在田某名下，王某要求老田把田某的财产份额转移到自己名下，老田以田某和王某未领取结婚证书不属于法定婚姻为由，拒绝把田某的份额转让给王某。王某先后多次与老田进行交涉未果，遂向法院起诉要求确定田某的遗产属于共同财产，并要求老田返还田某的财产。

法律分析

本案是关于同居期间，一方死亡，另一方是否有权继承财产的典型案例。同居虽然不同于登记婚姻，但是由于田某与王某已经以夫妻的名义共同生活，在此期间的生产生活资料都是双方共同经营所有。所以当一方死亡后，另一方是有权继承应得的财产的。具体理由如下：

1. 1994 年 2 月 1 日民政部《婚姻登记管理条例》公布实施以后未婚男女双方未办理结婚登记而以夫妻名义在一起持续、稳定地共同居住的，而在法院受理前又未补办结婚登记的，不再视为事实婚姻。只有在条例公布实施以前未婚男女双方未办理结婚登记而以夫妻名义在一起持续、稳定地共同居住的，才视为事实婚姻。所以法院是不能宣告田某和王某婚姻无效。《婚姻法司法解释

（一）》将男女双方均无配偶而未依照婚姻法的规定办理结婚登记手续便以夫妻名义共同生活的行为定性为同居关系，取消了非法同居的提法。同时也对同居关系和事实婚姻作出了新的界定和程序性概括。同时根据《中华人民共和国婚姻法》第 10 条规定，有下列情形之一的，婚姻无效：①重婚的；②有禁止结婚的亲属关系的；③婚前患有医学上认为不应当结婚的疾病，婚后尚未治愈的；④未到法定婚龄的。《婚姻法司法解释（一）》第 14 条也规定："人民法院根据当事人的申请，依法宣告婚姻无效或者撤销婚姻的，应当收缴双方的结婚登记书并将生效的判决书送达当地婚姻登记机关。"从这两条规定我们可以知道，没有经过结婚登记是不可以宣告婚姻无效的，男女双方进行婚姻登记并取得民政部门发放的结婚登记证书是宣告婚姻无效一个必要的前提条件。婚姻登记并取得结婚证书后，符合《婚姻法》第 10 条规定的四种情况之一，才符合宣告婚姻无效的条件。结合本案，田某和王某虽然举行了结婚仪式，但一直没有去民政部门办理婚姻登记手续，所以双方并不属于法律上的夫妻关系，法院是不能对二人宣告婚姻无效的。

2. 根据《婚姻法》第 8 条的规定，要求结婚的男女双方必须亲自到婚姻登记机关进行结婚登记。在本案中同居的田某已经死亡，不能亲自到婚姻登记机关进行结婚登记了。

3. 最高人民法院《关于人民法院审理未办结婚登记而以夫妻名义同居生活案件的若干意见》第 10 条规定："解除非法同居关系时，同居生活期间双方所得的收入和购置的财产，按一般共有财产处理，同居生活前，一方自愿赠送给对方的物可比照赠与关系处理；一方向另一方索取的财物，可参照最高人民法院（84）法办第 112 号《关于贯彻执行民事政策法律若干问题的意见》第 18 条规定的精神处理。"田某和王某应认定为同居关系，认定本案中的 30 万元店铺遗产为他们同居期间的共同财产，应适用《民法通则》等法律有关共有财产处理的规定。根据最高人民法院《关于贯彻执行〈中华人民共和国民法通则〉若干问题的意见（试行）》第90条"在共同共有关系终止时，对共有财产的分割，有协议的，按协议处理；没有协议的，应当根据等分原则处理，并且考虑共有人对共有财产的贡献大小，适当照顾共有人生产、生活的实际需要等情况。但分割夫妻共有财产，应当根据《婚姻法》的有关规定处理"的规定，对没有协议约定的，应当依据等分原则处理，适当照顾共有人生产生活的实际需要等情况。因此，同居期间取得的财产，宜依据等分原则处理，田某和王某对这30万元的店铺享有平等份额，王某取得1/2的份额，剩余的1/2由田某的父母继承。

12 未成年人的继承权能被取消吗？

典型事例

被继承人杨某与其妻刘某育有三子三女。1983年杨某夫妇在济南市某镇购买房屋4间。1997年刘某去世。2000年杨某又在院中建房2间。2007年、2010年杨某的两个儿子先后去世，各留一子随其各自的母亲生活。2012年3月，杨某立下公证遗嘱，将自己所有的财产及继承老伴的那部分财产指定由3个女儿继承，但未明确遗产的具体分配办法。同年12月，杨某病故。其时，杨某的两个孙子杨波、杨涛分别为16岁和11岁，正在上学，他们母亲均有固定的工资收入，两人父亲生前所在单位各自提供其生活补助费每月650元。现诸继承人就继承遗产发生纠纷，3名遗嘱继承人诉至法院，要求按照遗嘱继承遗产。

一审法院认定遗嘱有效。二审法院认为，被继承人杨某生前所立遗嘱剥夺了未成年代位继承人的继承权，遂确定遗嘱无效，并依法定继承原则对此案作了改判。

法律分析

此案的处理，涉及我国《继承法》第19条确立的"必留份"制度之法律适用问题。该条规定："遗嘱应当对缺乏劳动能力又没有生活来源的继承人保留必要的遗产份额。"最高人民法院《关于贯彻执行〈中华人民共和国继承法〉若干问题的意见》第37条对此又做了进一步的补充："遗嘱未保留缺乏劳动能力又没有生活来源的继承人的遗产份额，遗产处理时，应当为该继承人留下必要的遗产，所剩余的部分，才可参照遗嘱确定的分配原则处理。"上述规定构成了我国继承法"必留份"制度的核心内容。但是，由于其过于简要，以至于给司法实践中的具体运用带来了若干较为突出的问题。二审法院没有草率地肯定公证遗嘱的效力，而是敏锐地注意到杨某的遗嘱剥夺了杨波、杨涛这两个未成年代位继承人的继承权这一核心问题，在案件审理过程中，就代位继承人可否成为必留份的权利主体、杨波和杨涛是否属于"缺乏劳动能力又没有生活来源"之情形、违反必留份制度的遗嘱是部分无效还是全部无效等问题进行了深入的分析，进而作出了正确的判决。

1. 必留份权利主体的范围。根据《继承法》第19条，只有缺乏劳动能力又没有生活来源的继承人，才享有取得必要的遗产份额，即必留份的权利。不论是哪一个顺序的法定继承人（含代位继承人），都应属于遗嘱必留份的权利主体。具体到本案而言，代位继承人杨波、杨涛如果属于法定"缺乏劳动能力又没有生活来源"的情形，杨某的遗嘱就必须为之保留必要的遗产份额。

2. 如何认定"缺乏劳动能力又没有生活来源"。在司法实践中，是否缺乏劳动能力相对来说易于认定。首先，无论是因年幼尚不具备劳动能力，还是因年老、疾病等丧失劳动能力，皆属缺乏劳动能力之列。当然，缺乏劳动能力的人，不是仅指全无劳动能力，还应该包括有一些劳动能力或劳动能力不足的人。对此不应作机械的理解。某一个缺乏劳动能力的继承人虽然有其他近亲属从经济上供养，但只要其本人无经济收入，就属于这里所说的"没有生活来源"之列。其次，有的缺乏劳动能力的继承人有可能有一定的经济收入，但该收入如果达不到当地群众的平均生活水平（一般根据当地当时的居民人均年生活费收入数额判断），也应认定为"没有生活来源"。最后，根据最高人民法院《关于贯彻执行〈中华人民共和国继承法〉若干问题的意见》第 32 条第 2 款之规定，继承人是否缺乏劳动能力又没有生活来源，应按遗嘱生效时，即被继承人死亡时该继承人的具体情况确定。具体到本案，代位继承人杨波、杨涛在被继承人杨某死亡时均未成年，尚不具备劳动能力；他们的母亲虽然有经济来源，也供养他们，但不属于杨波、杨涛个人有生活来源；至于他们各自的父亲生前所在单位每月供给的 650 元生活补助费，虽然构成其个人生活来源，但远远低于被继承人杨某死亡时，即 2012 年济南市农村居民人均生活费收入 15 500 元的数额（据济南市统计局统计数字），不足以维持其正常生活。因此，两位代位继承人均属于"缺乏劳动能力又没有生活来源"的人，依法享有必留份权利。

3. 违反"必留份"规定的遗嘱的效力认定。如果被继承人生前所立遗嘱违反了《继承法》第 19 条的规定，没有为缺乏劳动能力又没有生活来源的法定继承人保留必要的遗产份额，那么，该遗嘱是部分无效，还是全部无效？就本案来说，由于遗产远远超过"必要份额"，即杨波、杨涛维持当时当地一般生活水平所需遗产数额，故杨某遗嘱本可按照部分无效处理。但由于其法定第一顺序继承人仅包括 3 个女儿和两个孙子，加之遗嘱并未具体确定 3

个女儿的遗产分配方式。此种情况下，即使确定遗嘱部分无效，为必留份权利人杨波、杨涛留下必要遗产后，对所剩余的遗产也只能依法定继承的方法进行分配。此时，这类遗嘱显然已没有实际意义，与其确定其部分无效，不如确定其全部无效处理起来更为妥当合理。故二审法院确认遗嘱无效，改为按法定继承处理。

13 无人继承的遗产该怎么处理？

典型事例

村里一位老人两个月前患病去世，其无儿无女，妻子也早于6年前去世。村干部在帮助料理老人后事时，发现了3万余元现金，另留下一处宅基地以及老人生前承包的5亩土地，价值大约在10万元，这位老人没有法定继承人，去世前也没有立下如何处理遗产的遗嘱。老人留下的这些无人继承的遗产该如何处置？

法律分析

本案中老人的遗产面临无人继承的局面，所谓无人继承又无人受遗赠的遗产有下列几种情况：一是被继承人既无法定继承人，又无遗嘱指定的遗嘱继承人或者受遗赠人；二是被继承人虽然有法定继承人或遗嘱继承人，但是全体继承人都放弃继承，或者全体继承人都丧失了继承权，都没有资格继承被继承人的遗产；三是被继承人没有法定继承人，只用遗嘱处分了一部分遗产，其余未加处分的那一部分遗产属于无人继承又无人受遗赠的遗产。对于无人继承又无人受遗赠的遗产的处理，我国《继承法》第32条规定："无人继承又无人受遗赠的遗产，归国家所有；死者生前是集体所有制组织成员的，归所在集体所有制组织所有。"

因此，依照以上的法律规定，这位老人所留下的全部遗产，首先应当用来支付为其丧葬所花掉的费用，并对老人生前的经济问题进行清理，如果与他人有债务关系，也要加以清偿。对于剩余的无人继承又无人受遗赠的遗产，照规定应归国家所有，但如果老人生前是集体所有制组织（如村民委员会）成员，那么，其遗产则归集体所有制组织所有。

此外，最高人民法院《关于贯彻执行〈中华人民共和国继承法〉若干问题的意见》第57条中规定："遗产因无人继承收回国家或集体所有时，按继承法第十四条规定未分给遗产的人提出取得遗产的要求，人民法院应视情况适当分给遗产。"即"对继承人以外的依靠被继承人抚养的缺乏劳动能力又没有生活来源的人，或者继承人以外的对被继承人扶养较多的人，可以分给他们适当的遗产。"为此，如果这位老人有依靠他抚（扶）养、缺乏劳动能力又没有生活来源的人，或者是继承人以外但对他生前照顾较多的人，也可以适当获得一些遗产，具体数额需要有关部门根据情况确定。

这里，需要特别说明的是，对这位老人无人继承又无人受遗赠的遗产，无论是收归国家所有还是收归集体所有，都不是按照继承遗产的相关程序转移，而是根据我国《民事诉讼法》有关无主财产的程序转移。

14　继承权可以放弃吗？

典型事例

2001年2月，孙才与张小花办理了结婚登记手续。2003年4月，孙才的父母双亡，留下镇上住房一套，一直未分割。2007年1

月，双方关系恶化，张小花向法院提起离婚诉讼。诉讼中，孙才通过公证明确表示放弃其父母的遗产继承权，并协助其弟通过有关部门办理了房屋产权证。

张小花以孙才在其父母死亡时未明确表示放弃，应视为接受，该接受遗产行为是在夫妻关系存续期间，属共同财产，孙才协助其弟办理遗产的过户手续，是转移夫妻共同财产的行为，是无效行为，其有权分享。孙才认为其放弃继承父母的遗产，是其个人的权利，张小花无权干涉，不应享有其父母的任何遗产。

法律分析

本案的焦点在于，孙才是否有权自主决定放弃继承父母的遗产，其放弃继承的行为是否侵害了夫妻共同财产权？我们认为，孙才放弃继承的行为是合法有效的，具体的理由如下：

1. 孙才放弃继承的行为符合《继承法》的规定。我国《继承法》第25条第1款规定："继承开始后，继承人放弃继承的，应当在遗产处理前，做出放弃继承的表示。没有表示的，视为接受继承。"最高人民法院《关于贯彻执行〈中华人民共和国继承法〉若干问题的意见》规定："继承人因放弃继承权，致其不能履行法定义务的，放弃继承权的行为无效。"

孙才放弃继承的行为是否发生放弃继承的效力，取决于他的放弃是否导致他不能履行法定义务。孙才放弃继承，必然会影响到离婚诉讼中张小花主张的夫妻共同财产的多少，但孙才继承遗产，不属于对张小花应尽的法律义务；孙才放弃继承，也不会导致他对张小花的法定义务不能履行。因此，孙才放弃继承遗产的行为是有效的。

2. 孙才放弃的是继承权，而非夫妻财产权。根据最高人民法院《关于人民法院审理离婚案件处理财产分割问题的若干具体意见》第 2 条规定，夫妻共同财产是指夫妻双方在婚姻关系存续期间所得的财产。同时，根据《婚姻法》第 17 条第 1 款第 4 项规定，继承或赠与所得的财产属夫妻共同共有，但本法第 18 条第 3 项规定的除外。因此，张小花能否享受孙才应继承的其父母遗产，关键在于孙才父母的遗产是否已转化为孙才夫妻的共同财产。

我国《继承法》规定，继承从被继承人死亡时开始，继承权人从继承开始时获得了继承权。继承权人有权要求对遗产进行分割处理，亦即将遗产转化为继承人的财产，但在分割处前，继承权人享有的仍是继承权，而不是财产权。

本案中孙才自其父母双亡之日起取得了继承权，并没有对遗产进行分割，孙才享有的继承权并没有转化为财产权。因此，孙才放弃的遗产继承权，并不是夫妻关系存续期间实际取得的共同财产，虽然放弃行为会导致张小花离婚时少分得财产，但不能以此为由抗辩孙才的放弃权利。孙才放弃遗产继承权，是依法处分个人权利，不涉及孙才对张小花的法定义务履行，不属于孙才对张小花应尽的法律义务，孙才是无须征得他人许可的。

而且即使孙才未放弃继承权，在遗产分割前，张小花也无权要求孙才与其弟分割遗产，何时分割遗产、如何分割是继承人间的事，且夫妻共同财产是一种明确的物化的财产，而不是期待的权利。

因此，张小花有权要求分割遗产的情况只有一种，即孙才父母的遗产已经实际分割，部分遗产已经转至孙才名下之后，张小花方可就该部分财产享有请求权。

综上，孙才的继承权并没有转化为财产权，其放弃继承权的行为是有效的民事法律行为，张小花无权分享孙才的继承权。

15 债权债务能否被继承?

典型事例

杨金与邹荣系夫妻,并育有一子杨勇、一女杨福,杨金与邹荣于1994年在民政部门办理离婚手续。杨金于2002年5月向杨清借款25 100元,并向杨清出具了2张借条,在2张借条的借款人落款处签名均为杨金、周云。杨金于2012年4月17日死亡,生前杨金偿还了杨清12 000元,尚欠13 100元未归还。杨金死亡后,杨清在多次向杨金的前妻邹荣和子女杨勇、杨福追收余款未果的情况下,遂将三人诉讼到法院,要求三被告偿还借款13 100元。

法律分析

1. 本案涉及的是公民去世后,其生前所拥有的债权债务能否被继承的问题。根据最高人民法院《关于贯彻执行〈中华人民共和国继承法〉若干问题的意见》第3条的规定,公民可继承的其他合法财产包括有价证券和履行标的为财物的债权等。因此,债权属于遗产范围,债权并不因被继承人的死亡而消灭,继承人继承债权后,取得债权人资格,债权到期后,可以凭债权凭证和继承相关的证据向债务人主张权利。从广义上来说,被继承人的债务属于个人的消极财产,只要是合法的个人财产,仍然属于遗产。被继承人死亡后分割遗产前,应当先查明被继承人的个人财产情况,包括债务。分割遗产时应当预留所负债务的份额,提前清偿或者提存。对于遗产分割前未发现的债务或者债权人未能及时主张的被继承人的债务,遗产分割后主张的,继承人应当按所继承的份额承担债务。

2. 如何确定被继承人的债务?被继承人债务,是指被继承人生前个人依法应当缴纳的税款和用于个人生活所欠下的债务。主要包括这样几类：①被继承人依照我国税收法规的规定应当缴纳的税款；②被继承人因合同之责欠下的债务；③被继承人因侵权行为而承担的损害赔偿的债务；④被继承人因不当得利而承担的返还不当得利的债务；⑤被继承人因无因管理而承担的补偿管理人必要费用的债务；⑥其他属于被继承人个人的债务，如合伙债务各属于被继承人应当承担的债务，被继承人承担的保证债务等。

根据《继承法》的规定，如果被继承人遗留有债务，继承人应当先清偿被继承人的债务，然后再分割遗产。但是，在实际生活中，被继承人中有的是为了个人生产或生活需要而欠了债务，也有的为了家庭的生产或生活的需要而欠下了债务。这两种债务，即死者个人债务和家庭共同债务，往往不易划分。因此，必须将被继承人生前所欠的个人债务和家庭共同债务区分开来。

16 "父"债"子"怎么还？

典型事例

老李夫妇有3个儿子，其中大儿子大学毕业后分到外地工作，其余两个儿子在本地工作。2007年，老李在改建自家楼房时向朋友老张借款1.5万元，并立有字据。借条上写明，两年后一次性还清，自己如果死了由其3个儿子偿还债务。2008年底，老李夫妇在一次车祸中双双丧命，3个儿子在办完老人丧事后开始协商遗产的继承。老人生前除楼房外再无财产，于是3人商量对两层楼房予以继承。大哥表示自己在外地工作，且条件还不错，愿意放弃继承权。老二和老三对此很感激，两人便协商各继承房屋4间。2009年，老张拿着老李的借条找到老李的二儿子和三儿子，要求二人对其父的借款进行偿还。二人商议三兄弟每人拿出5000元替父亲还债。当向老大要钱时，大哥认为钱是父亲借的，自己没有继承父亲的遗产，对其债务也没有清偿的义务。老张见老李另两个儿子都已还了钱，而老大死活不还钱，即向人民法院起诉，要求老大清偿其父所欠之债。

法律分析

本案涉及我们中国人传统上的一个观念，那就是父债子还，在老百姓眼里，父债子还应该是天经地义的事情，但真实情况是这样吗，我国的法律又是如何规定的？

"父债子还"、"夫债妻还"是封建社会流传下来的民间俗语。这两句话，折射出我国封建社会关于债权、债务的转移，以及继承权的不同法律形态。新中国成立以后，我国以公有制为基础的社会主义法律已经从根本上铲除了这种陈规陋习，但是受封建残余观念的影响，在民间却是根深蒂固难以清除的。"父债子还，天经地义"的陈旧观念仍然在一定程度上影响着人们的经济生活。在司法实践中，我们会经常遇到类似案例中，因父或夫死亡、失踪，甚至下落不明的情况，要求子或妻替父或夫还债的案子。从法律角度讲，父与子是两个相互独立的民事主体，两人不因其血缘关系的存在而混同。也就是说，只要是成年人而且精神正常，父与子都有资格独立地进行民事活动，并且独立承担民事义务。同时，依照民法理论，债权是相对权，仅对特定的债务人发生效力，债务未经合法转移，只能由债务人本人承担，债务人以外的任何人，包括债务人的亲属甚至是父子关系、夫妻关系的，也都没有义务为债务人承担债务，任何人将他人承担的债务强制或者半强制地让其他人来承担，都是法律所不容许的。

简单地说，法律对被继承人欠债是否需要继承人偿还并没有一概而论，咬定"父债子还"或者"父债子不还"都是一个谬误。按照《民事诉讼法》第232条第1句的规定："作为被执行人的公民死亡后，以其遗产清偿债务。"也就是说，在债务人死亡之后，应当以其遗产清偿债务。《继承法》第33条规定："继承遗产应当清偿被继承人应当缴纳的税款和债务，缴纳税款和清偿债务应以他的遗产实际价值为限。"该规定有两层含义，一是子女享有继承父母遗产的权利，就有偿还债务的义务，反之，则没有偿还债务的义务；二是子女享有继承父母遗产的权利，在偿还债务时，以遗产价值为限，债务超出遗产价值的，子女没有义务偿还。本案中，假如李某的儿子明确表示放弃对父亲遗产的继承，对债务他就没有偿还的义务。

在继承遗产上应按照什么比例来承担？是否有主次和先后顺序之分？这要在继承范围内进行按份承担，除没有偿还能力的继承人（如残疾人、未成年人等）以外，谁继承谁就偿还债务，谁没有继承谁就不偿还债务，继承多少就承担多少。如果继承人继承的份额不足以清偿死者的债务，对于超过的部分，可以自愿进行清偿。

17 出嫁的女儿能否继承父母的财产？

典型事例

老王夫妇为某村农民，生有二子、一女，儿子已成家单过，女儿也已出嫁。虽然都不住在一起，但两个儿子和女儿也都能尽到赡养义务，老人的晚年生活较为幸福。2013年冬天，老王夫妇相继去世。二人留下的遗产主要为6间瓦房和存款2万元。两个儿子协商将遗产由二人均分。女儿得知后，要求继承父母的遗产，儿子却说："嫁出去的女儿，泼出去的水，你已经出嫁了，是别人家的人了，无权继承父母的遗产，再说，你出嫁时父亲已经给了你许多陪嫁，你也该知足了。"

法律分析

在中国的传统观念里，嫁出去的女儿就是夫家的人了，所以娘家的事女儿是不便掺和的，就如继承，老百姓普遍认为嫁出去的女儿是没有继承权的，这在我国广大农村地区更为明显。虽然这种观念在一部分地区已经演化成一种文化风俗，但是随着我国法制的不断健全，人权观念的普及，女儿不能继承的现象依然不能被法律以及广大民众所接受。

按照《继承法》关于"男女平等"的原则，不论儿子还是女儿，女儿也不论已婚、未婚，在继承父母遗产时，都享有平等的权利。《继承法》第 10 条规定，女儿是第一顺序的法定继承人。女儿出嫁后的情况多种多样，在处理已经出嫁的女儿的继承权时，应注意以下问题：

1. 确认已出嫁女儿对父母的遗产享有法定继承权，但在确定其应分得遗产的份额时，应考虑该女儿对父母所尽义务的多少。如果该女儿出嫁后仍与父母共同生活，或未共同生活，但对父母尽了主要赡养义务的，则该女儿可以适当多分父母的遗产。如果该女儿出嫁后未与父母共同生活，但与其他继承人一样与父母有来往，在经济或生活上提供不同程度的帮助或照顾，则该女儿有权要求与其他继承人平均分配父母的遗产。如果该女儿出嫁后与父母没有来往或来往较少，没有对父母尽抚养、赡养义务，父母的经济来源、生活照顾主要是由其他继承人提供的，只要该女儿没有法律规定丧失继承权情形的，则该女儿虽享有对父母遗产的法定继承权，但在具体分配遗产时，应适当少分或者不分。

2. 女儿出嫁时，父母送给女儿的陪嫁或嫁妆属于赠与行为，不能冲抵其对父母遗产的继承份额。

3. 父母已死亡多年，遗产已经被其他继承人分割完毕后，已经出嫁多年的女儿再回家要求继承父母遗产的，应适用《继承法》以及《民法通则》中有关诉讼时效的规定处理。如果根据法律规定，出嫁女儿的请求已超过诉讼时效期间的，其继承权不受法律保护。

本案中，老王的女儿依法享有继承权，应分得父母的遗产。

18 父母一方死亡后，子女能否要求继承财产？

典型事例

1976 年 9 月，张玉环的母亲去世，1980 年，其父亲再婚，再婚后，父亲生育了两个儿子张德刚和张德江。2008 年 10 月，张玉环的父亲去世，留有一套房产及存款 24 万元，因为继母还在，因此，张玉环的两个兄弟都主张不对遗产进行分割，由母亲继续居住在该套房屋内，并掌控着 24 万元，作为其生活及治病的开销。但张玉环却希望分割父亲的遗产，另外，张玉环也担心继母偏袒两个弟弟私下将 24 万元补贴给他们，并且继母本身已有退休工资可以维持生活。于是张玉环将继母及两个弟弟告上法院，要求对父亲遗产中的存款进行分割，但同意房产暂由继母居住，在继母去世后再进行分割。

审理结果，法院审理后认为继承从被继承人死亡时开始，根据遗产分割自由的原则，在法律没有明文限制分割的前提下，自此时起继承人可以随时行使遗产分割请求权，任何人不得非法干预。因此，本案中张玉环要求对其父亲遗留的存款进行分割，应予支持。父亲留下的 24 万元存款，属于夫妻共同财产，一半属于张玉环继母所有，另外一半为其父亲的遗产，应由张玉环及其继母以及两个兄弟继承，张玉环可以继承其中 12 万元的 1/4，即 3 万元，据此法院判决张玉环的继母给其继承的 3 万元。

法 律分析

从法律上说，被继承人死亡时，就是继承的开始，所以父母一方死亡，儿女和其他继承人都有要求继承其遗产的权利。因此，子女可以在父母一方死亡后依法提出继承遗产的要求，而不必等到父母双亡。但是按照我国传统的民间习惯，父母一方死亡，另一方健在时，一般并不马上发生继承遗产的问题，而要等到父母双亡后，才由子女继承，分割他们的遗产。父母还没有双亡就要求分家、分遗产是不孝的、不道德的。但是，这种观念是与《继承法》的规定相违背的。根据《继承法》的规定，被继承人死亡是继承开始的唯一法定要件，所以父母一方死亡，儿女和其他继承人都有要求继承其遗产的权利。因此，子女可以在父母一方死亡后依法提出继承遗产的要求，而不必等到父母双亡。

继承开始后，遗产既可以当即分割，也可以在其他适当的时间分割。但具体分割遗产的时间，要看具体情况，因为继承开始并不等于遗产分割的开始。现实生活中，有的子女在父或母一方死亡，一方健在的情况下，不愿提出继承，这样就可等待父母双亡后再继承。但也有一些特殊情况，如父或母一方死亡后，另一方再婚的，还有的在世父母一方再婚又生育子女的，家庭成员增多，原有继承人财产权受到影响，特别是死者的子女与再婚的继父或继母没有形成抚养、赡养关系，致使出现有些继母或继父以及他们再婚的子女将死者的遗产隐匿、转移的情形等等。

当然，父母一方健在，另一方死亡，子女不要求继承遗产的，而是把遗产交与健在的一方保存，使之有精神和生活上的寄托，法律也是允许的，与我国风俗也是一致的。但是，有时候子女不及时要求继承，其继承权可能会受到侵犯。如父母一方死亡后，另一方急于带遗产再婚的，如不尽快确定死者遗产，依法继承，子女应继承的份额可能就会被再婚的父母带走。有时，夫妻死亡时间可能相隔几十年，在这期间死者的遗产和继承人本身都可能发生意想不到的变化，如果不及时继承，会给当事人的利益甚至社会的稳定带来一定的影响。

19 精神病人杀死被继承人，是否还有继承权？

经典案例

代某是重庆某个小镇的普通老百姓，代某的父亲在"文革"期间被打为右派，代某的精神因此受到刺激，患上间歇性精神病。后经多方治疗，代某的病情得到控制。1988 年代某与肖某结婚，婚后生育了双胞胎女儿代某美、代某丽。20 世纪 90 年代初期，代某在单位办理了病退手续，并开始涉足餐饮行业，与妻子开起了一家火锅店。因夫妻二人经营有方，店里的生意红红火火，代某的家庭经济状况得到改善，生活也富裕起来。然而天有不测风云，2002 年 10 月代某的大女儿代某美在一次车祸中不幸丧生，代某夫妇悲痛欲绝，代某更是难以接受这一打击，旧病复发，精神失常且伴有暴力倾向。2002 年 11 月 2 日晚，代某在家中将妻子肖某杀害。案发后，公安机关进行了立案侦查，代某经过两次司法鉴定后，被确认为精神病患者，认定其不负刑事责任并将代某释放。肖某生前，夫妻二人因开办的火锅店生意兴旺，两人存有积蓄 30 万元，并购买了一套住房和一部汽车。肖某死后，代某被法院认定为无民事行为能力人，而小女儿代某丽亦尚未成年，法院遂指定代某的姐姐作为二人的监护人。代某的火锅店及家中的现金、存款均由其姐姐掌握管理。事后不久，肖某的父母向法院提起民事诉讼，要求继承肖某的遗产，并请求法院判决剥夺代某对肖某遗产的继承权。

法律分析

我国《继承法》第 7 条主要规定了四种丧失继承权的情形，继承人故意杀害被继承人位列丧失继承权的第一项。首先，故意杀人行为直接威胁到被继承人的人身安全，本身就是最严重的犯罪行为之一，将受到刑罚的严厉制裁。无论继承人出于何种动机，也无论既遂、未遂，都将丧失继承权。其次，基于民法的平等原则和公序良俗原则，故意杀害被继承人同时也侵犯了民事主体的利益，应当遵循同质救济的原则获得救济和保护。

本案中，代某杀害了妻子肖某，是否就丧失了继承肖某遗产的权利呢？答案是否定的。在这里，另一个需要我们关注的问题就是代某是否为故意杀人，即代某有无主观过错。我国《民法通则》规定，不能辨认自己行为的精神病人是无民事行为能力人，由他的法定代理人代理民事活动。《刑法》同时规定，精神病人在不能辨认或者不能控制自己行为的时候造成危害结果，经法定程序鉴定确认的，不负刑事责任。代某是精神病患者，对自己的行为没有控制力，不能辨认自身行为的性质。他杀害妻子肖某是由于不能辨认、控制自己行为而造成的危害后果，并非出于主观故意，而是由于精神病理障碍使其完全丧失理智，故不属于《继承法》第 7 条规定的"故意杀害"的情形，其继承权亦不能被剥夺。

本案中代某经司法鉴定后被确认为精神病人，已经免除刑事责任，而属于民事权利的继承权也不应被剥夺。民事权利是民法规定赋予民事主体为实现受法律保护的利益而实施一定行为的意思自由，意味着权利主体在一定范围内的意思自由及实现一定利益的可能性，这一权利具有法律保障性。作为肖某遗产的第一顺序继承人，代某与肖某的父母同样享有继承权。当然，因代某为无民事行为能力人，其继承行为应由法定代理人即代某的姐姐代为行使。

20 受遗赠人先于遗赠人死亡，遗赠的财产如何处理？

典型事例

家住仙霞村的段老伯夫妇在年轻时接受朋友王先生帮助较多。退休后，王先生的身体状况不佳，同时其长女又因生病过世，因此经济条件不好，段老伯夫妇感念王先生早年的帮助，便对王先生不断给予经济支持。

1997年，段老伯夫妇立了一份共同遗嘱，对其名下的财产进行安排。他们在遗嘱中写道，段老伯居住的两间平房死后遗赠给王先生。对于遗嘱内容，段老伯的儿子小段、王先生及其子女都知道。2000年，王先生过世。段老伯夫妇并未因此而重新修改遗嘱。2004年，段老伯夫妇相继去世。段家在按照段老伯夫妇的遗嘱分割遗产时，王先生的儿子小王要求按照遗嘱取得被继承人原遗赠给他父亲的两间平房的所有权，遭到段家子女的拒绝，小王立即向法院提起诉讼，要求按照段老伯夫妇留有的遗嘱继承其两间平房。

法院经审理认为，遗嘱中写道两间平房给王先生继承，由于受遗赠人是先于遗赠人死亡，遗赠人又未另立遗嘱处分这两间平房，根据《继承法》第27条规定，段老伯夫妇在遗嘱中遗赠给王先生两间平房的内容无效，原遗赠给王先生的两间房屋应按照法定继承处理，由被继承人的子女继承。据此法院没有支持原告小王的诉讼请求。

法律分析

本案涉及受遗赠人先于遗赠人死亡时遗嘱是否有效、受遗赠人的继承人能否代位接受遗赠的法律问题。

根据《继承法》第27条的规定，有下列情形之一的，遗产中的有关部分按照法定继承办理：①遗嘱继承人放弃继承或者受遗赠人放弃受遗赠的；②遗嘱继承人丧失继承权的；③遗嘱继承人、受遗赠人先于遗嘱人死亡的；④遗嘱无效部分所涉及的遗产；⑤遗嘱未处分的遗产。

遗赠只能在立遗嘱人死亡时才生效，故受遗赠人如果先于遗赠人死亡，他本人尚未实际取得遗赠财产，其继承人当然不存在代替受遗赠的问题。因此，遗赠与遗嘱继承一样，不得适用代位继承规定，受遗赠人先于遗赠人死亡，遗赠失去效力。

值得注意的是，我国法律不限制赠与人处理自己的财产给受赠人，受赠人虽然无偿取得财产，一般是只享有权利不承担义务，但被继承人生前有债务，应先用其遗产清偿债务，剩余的部分再执行遗赠，受遗赠人本身不负有清偿债务的义务。还有就是赠与人不得剥夺无独立生活能力又无其他生活来源的法定继承人的遗产份额。

现实生活中，在赠与人立下遗嘱将遗产赠与他人时，受赠人通常不知道怎样做才意味着接受遗赠。根据我国《继承法》的规定，受赠人知道受遗赠后，必须在两个月内作出接受或放弃受遗赠的明示表示。如果到期没有表示，则视为受赠人放弃接受遗赠。

21 多人在同一事故中同时死亡，如何确定继承顺序？

典型事例

2013 年春节刚过，2 月 10 日河北田村一家五口一夜之间全部死亡。经侦查机关现场勘验和法医进行尸体鉴定发现，五人死亡原因并非他杀，而是煤气中毒死亡，五人不能确定死亡先后顺序，经亲属辨认和相关证件证明死者为田军、孙恬夫妇；田玲、郭长弓夫妇；郭龙。经调查，田大、贺兰是夫妻，育有田国、田军、田平三子。田军与孙恬是夫妻，育有一女田玲。2007 年田玲与郭长弓结婚，婚后育有一子郭龙。田大于 1992 年去世，贺兰于 1998 年去世。田玲外公孙恬宣健在。郭龙祖父母宋成、吕英健在。田军、孙恬夫妇留有名下房产一处，共有房屋 15 间，郭长弓、田玲夫妇留有名下桑塔纳一辆，存款 5 万元。双方继承人对遗产分割问题没有达成合意，2014 年 1 月 5 日宋成、吕英夫妇向法院提起诉讼，要求法院按照法定继承对死者遗产继续分割。

法律分析

本案没有遗嘱，应该按照法定继承来进行继承分割。

第一，应当根据《继承法》第 10 条来确定合法继承人。该条款规定：遗产按照下列顺序继承：第一顺序为配偶、子女、父母；第二顺序为兄弟姐妹、祖父母、外祖父母。继承开始后，由第一顺序继承人继承，第二顺序继承人不继承。没有第一顺序继承人继承的，由第二顺序继承人继承。

依照该法律规定，各自继承人与死者的关系：

1. 田军的法定继承人是配偶孙恬、其女田玲。

2. 孙恬的法定继承人是配偶田军、其父孙恬宣、其女田玲。

3. 郭长弓的法定继承人是配偶田玲、其父母宋成、吕英、其子郭龙。

4. 田玲的第一顺序法定继承人是配偶郭长弓、父母田军、孙恬和其子郭龙；第二顺序继承人是外祖父孙恬宣。

5. 郭龙的第一顺序法定继承人是父母郭长弓、田玲；第二顺序法定继承人是祖父母宋成、吕英；外祖父母田军、孙恬。

第二，最高人民法院《关于贯彻执行〈中华人民共和国继承法〉若干问题的意见》（以下简称《继承法意见》）第2条规定："相互有继承关系的几个人在同一事件中死亡，如不能确定死亡先后时间的，推定没有继承人的人先死亡。死亡人各自都有继承人的，如几个死亡人辈分不同，推定长辈先死亡；几个死亡人辈份相同，推定同时死亡，彼此不发生继承，由他们各自的继承人分别继承。"

结合本案：本案是属于相互有继承关系的几个人在同一事件中死亡的案件，且本案属于不能确定死亡先后时间的案件。因此，应该适用《继承法意见》第2条规定。

首先，关于死亡顺序的推定。《继承法意见》第2条里所说的继承人，包括第一顺序继承人和第二顺序继承人。死者田军、孙恬、郭长弓、田玲和郭龙五人均有继承人。本案应该适用《继承法意见》第2条的后半段规定："死亡人各自都有继承人的，如几个死亡人辈分不同，推定长辈先死亡；几个死亡人辈分相同，推定同时死亡，彼此不发生继承，由他们各自的继承人分别继承。"依据该规定，应推定田军、孙恬先死亡，彼此不发生继承；其后郭长弓、田玲死亡，彼此不发生继承；最后推定郭龙死亡。

其次，关于继承人的范围和继承遗产份额的计算方法。田军与孙恬各自享有夫妻共同财产的一半，田玲继承其父母遗产的75%，且这75%份额的遗产，属于田玲、郭长弓夫妻共同财产，夫妻二人各获得一半份额；孙恬宣继承田军、孙恬遗产 25% 的份额。田玲与郭长弓各享有夫妻共同财产的一半。田玲的遗产由第一顺序继承人，其子郭龙全部继承，郭长弓的遗产由其子郭龙、其父宋成、其母吕英各继承 1/3。郭龙通过对其父郭长弓、其母田玲遗产的继承而获得的遗产，由其第二顺序继承人，祖父宋成、祖母吕英全部继承。依此计算，宋成、吕英夫妻，应通过继承而获得田军与孙恬夫妻共同财产的 75%，同时继承郭长弓、田玲遗产的 100% 份额。

本案涉及对法条规定的理解问题。其一，被继承人的合法继承人包括《继承法》第 10 条规定的第一顺序继承人和第二顺序继承人，没有第一顺序继承人的，由第二顺序继承人继承。因此，该案中田军、孙恬被推定先于其女田玲死亡，田军的第一顺序继承人田玲继承其父母遗产，第二顺序继承人田国、田平不参加继承；因此田国、田平不参加继承。其二，关于《继承法意见》第 2 条规定的初衷。试想，没有继承人的死者继承了另一个死者的遗产之后，因无人继承而财产归国家或者集体所有，显然是不合理的。因此，该条规定："相互有继承关系的几个人在同一事件中死亡，如不能确定死亡先后时间的，推定没有继承人的人先死亡。"这里"没有继承人"有个时间问题，指在死亡事件发生后，被继承人是否还有活着的继承人。其三，"死亡人各自都有继承人的，如几个死亡人辈分不同，推定长辈先死亡；几个死亡人辈分相同，推定同时死亡，彼此不发生继承，由他们各自的继承人分别继承"。长辈遗产在其被推定死亡的一刻，开始发生继承。被推定死亡在后的第一顺序继承人仍然享有继承权。

22 存在多份遗嘱，如何最终确定继承？

典型事例

山东某镇农民李老汉有两个儿子，均已结婚成家另过。李老汉早年做过木匠和泥瓦匠，积攒了7万元存款。1996年，李老汉的老伴儿去世后，大儿子李大主动请父亲与他们一起生活。1999年，李老汉到公证处办理了一份公证遗嘱，表示自己百年之后除7万元存款中3万元由次子李二继承外，其余4万元余款及物品全部由大儿子继承。公证遗嘱订立不久，李老汉突患中风并留下了半身不遂的后遗症。刚开始时，李大夫妇还能精心照顾，可时间一长就逐渐厌烦起来。此时，李二便主动将父亲接到自己家里照料日常起居。2003年5月，李老汉觉得起初订立的遗嘱不妥当，于是重新亲笔自书了一份遗嘱，写明死后其存款中的5万元归李二所有，其他2万元存款及物品归李大继承。今年初，李老汉病逝。在清理遗产过程中，两个儿子为分割遗产争执不下。李二首先诉至法院，要求按其父的自书遗嘱继承遗产；李大则手持公证遗嘱提出反诉。法院经审理认为，李老汉生前所立两份遗嘱都符合法律规定，均为有效遗嘱。但由于前一份是公证遗嘱，后一份是自书遗嘱，而自书遗嘱不能撤销、变更公证遗嘱，据此，法院判决按公证遗嘱内容对李老汉的遗产进行分割。

法津分析

遗嘱是遗嘱人生前按照法定的方式处分个人财产或其他事务，并在其死亡后生效的法律行为。在现实生活中，经常会发生一个遗嘱人立有数份在内容上不同的遗嘱的现象，这时应区别情况确定各个遗嘱的效力。

第一，要对各个遗嘱的合法性进行审查，看其是否全部无效或部分无效。遗嘱被确认为全部无效后，全部遗产按法定继承方式处理。法定继承人为争夺遗产而伪造、篡改遗嘱情节严重的，丧失继承权，其应继承份额由其他法定继承人继承；如果没有其他法定继承人继承的，则该财产归国家或集体所有。遗嘱被确认为部分无效后，如果无效部分所涉及的财产属于国家、集体或者他人的，仍为原所有人所有；如果无效部分属于遗产，则该部分遗产按法定继承方式继承，其他有效部分仍按遗嘱继承。

第二，如果有两个以上均为有效的遗嘱，其遗嘱内容不相抵触的，则各个遗嘱分别发生其效力，遗嘱执行人应按各个遗嘱内容执行。

第三，如果两个以上有效遗嘱的内容互相抵触，则应视不同情况区别对待。首先，如果遗嘱人立有两个或两个以上的自书、代书、录音、口头遗嘱，或者两个以上的公证遗嘱，在这种情况下，按照《继承法》第20条第2款"立有数份遗嘱，内容相抵触的，以最后的遗嘱为准"的规定处理。其次，如果公证遗嘱与一般遗嘱内容相抵触的，以公证遗嘱内容为准。《继承法》第20条第3款规定："自书、代书、录音、口头遗嘱，不得撤销、变更公证遗嘱。"为什么公证遗嘱具有高于其他遗嘱的法律效力呢？这是因为，公证员代表国家行使证明权，其所办理的遗嘱公证，具有真实、可靠、方式严格、证明力强的特点，可以有效杜绝继承人、代书人、见证人和其他利害关系人对遗嘱内容进行伪造和篡改，具有无可争议的真实性、合法性和可靠的证据性。同时，从遗嘱人的角度讲，代书等其他形式的遗嘱与公证遗嘱相比，要件松散，易于被人伪造和篡改，如果允许其变更、撤销经过公证的遗嘱，会使遗嘱人产生不安全感，担心他人以自己的名义伪造遗嘱来否定公证遗嘱的效力。

第四，数份内容相互矛盾的遗嘱，如果其中没有公证遗嘱，其他形式的遗嘱又没有注明订立遗嘱的年、月、日，无法确定时间先后的，这些遗嘱全部无效，遗产按法定继承方式处理。

本案中，李老汉一先一后订立的两份遗嘱，即属于上述类型中的第三种类型，法院的判决是正确的。那么，订立公证遗嘱后，如果立遗嘱人因种种原因打算撤销、变更公证遗嘱的，应向原受理公证处提出办理撤销、变更公证遗嘱声明书申请，并在撤销、变更声明书或新立遗嘱中写明原立遗嘱的时间、经办公证处和公证书编号，并将声明书或新立的公证遗嘱文书附原公证书卷一并保存。

23 公证遗嘱如何进行变更？

典型事例

家住江苏省某镇的刘老汉、李老太夫妇二人共同拥有两处房屋。因与长子存有矛盾，也为了避免过世后给家人带来不必要的麻烦，刘老汉与李老太于 2006 年 2 月 28 日立下一份遗嘱，将上述两套房屋确认由其次子即刘某某继承。此份遗嘱经过新沂市公证处公证。同年 11 月，刘老汉去世。

丈夫身故后，李老太考虑到将房屋全部交由次子继承有些不妥，便于同年 12 月 22 日在新沂市公证处又立下一份公证遗嘱，对 2006 年 2 月 28 日所立的公证遗嘱内容进行了部分变更，决定属于她的一半房产权交由长子家的孙子刘某继承。2007 年 1 月 30 日，李老太让其长子对位于新沂市区某小区 M 号楼的一套房屋办理有关上房手续。此后，李老太的长子交纳该套房屋的各项费用共计人民币 4 万余元后，办理了上房手续，并接收占用了该套房屋。

转眼间大半年过去，到了2008年5月15日，事情却再次发生变故，李老太又一次来到新沂市公证处，经公证以声明形式撤销了她在2006年12月22日立下的公证遗嘱。

因李老太的长子一直占用着位于新沂市区某小区M号楼的一套房屋，李老太与其次子刘某某便于2008年8月13日向新沂市人民法院提起诉讼。其后，法院判决李老太的长子返还该套房屋，同时判决李老太及其次子给付李老太长子上房所交纳的费用4万余元。李老太长子不服向徐州市中级人民法院提起上诉，后又自动撤回上诉。到了2010年，李老太长子又向徐州市中级人民法院提出申诉，法院最终驳回了他的再审申请。2011年2月，年过七旬的李老太因病去世。

其后，刘某认为其祖母于2006年12月22日所立公证遗嘱合法有效，且房屋已经交付到其手中，赠与行为已经生效。针对侄子的说法，刘某某并不同意，他认为上述两套房屋均已经过公证遗嘱由父母亲遗留给了他，刘某的公证遗嘱也已经被李老太经过公证进行了撤销，刘某并没有权利进行继承。争执不下，侄子刘某便将叔叔刘某某起诉到法院。

法津分析

本案中，被继承人李老太生前立下数份遗嘱，应以最后所立公证遗嘱为准。因李老太第二次公证遗嘱对第一次公证遗嘱进行了部分变更，但第三次公证遗嘱又撤销了第二次公证遗嘱，故被继承人刘老汉的遗嘱应为合法有效遗嘱。基于被继承人李老太的遗赠已被其撤销，其遗产应按法定继承来进行继承。而在法定继承中，应由第一顺序继承人继承，第二顺序继承人不继承，没有第一顺序继承人继承的，才由第二顺序继承人继承。本案中，原告刘某系被继承人李老太的孙子，不属于李老太的第一顺序继承人，因此刘某的诉讼请求缺乏事实和法律依据，法院不予支持。最终，新沂市人民法院驳回了刘某的诉讼请求。

公民变更遗嘱，只能由遗嘱人本人亲自进行，其他任何社会组织或者个人既无权对遗嘱人设立的遗嘱加以变更，也不能代理遗嘱人进行遗嘱变更。变更的遗嘱内容必须合法，遗嘱变更的每一事项无论涉及哪些内容，都必须与国家法律的要求相符合，否则变更的内容无效。变更遗嘱的方式也要求合法，一般来说，变更遗嘱的方式有两种：第一，制作新遗嘱，用以改变原遗嘱内容，但自书、代书、录音、口头遗嘱不得变更公证遗嘱；第二，提出变更原遗嘱的声明，但必须按原设立遗嘱的方式和程序进行。

遗嘱人需要变更或撤销公证遗嘱的，应当亲自到办理该遗嘱公证的公证处提出申请；因紧急情况或其他特殊原因不能到原公证处申请的，也可到就近的公证处提出申请，或请原公证处派公证员到其住地办理。申请时，遗嘱人应当提供身份证件、遗嘱所涉及的财产凭证和需要变更或撤销的遗嘱公证书，讲明变更或撤销该公证遗嘱的原因和理由。

公证处办理撤销或变更公证遗嘱的程序与办理遗嘱公证的程序相同。遗嘱人变更、撤销公证遗嘱的行为真实、合法的，公证处应当及时办理变更、撤销公证遗嘱的手续；对变更公证遗嘱的，应根据变更的内容重新制作一份遗嘱公证书，并收回原遗嘱公证书；对撤销公证遗嘱的，应当出具撤销遗嘱公证书，并收回原遗嘱公证书。

公证服务收费标准包括：办理遗嘱公证，每件收费 150～200元；保管遗产，由双方协商收费；确认遗嘱效力，每件收费 200～300 元；(《国家发展计划委员会、司法部关于调整公证服务收费标准的通知》)；证明财产继承，赠与和遗赠，按受益额的 2% 收取，最低收取 200 元。

24 一气之下烧毁公证遗嘱，是否意味着遗嘱被撤销？

典型事例

赵强早年丧妻，膝下有一子一女。2006年4月，赵强立下一份公证遗嘱，将大部分财产留给儿子赵乙，少部分的存款留给女儿赵丙。2007年8月，赵乙因盗窃而被判刑，赵强伤心至极，病倒在床，并在病榻上当着众亲友的面将遗嘱烧毁。一个月之后赵强去世。2008年3月赵乙出狱，要求按照遗嘱的内容继承遗产，遭到其妹妹赵丙的反对。赵乙遂将赵丙起诉到法院。

法律分析

本案争议的焦点在于赵强烧毁该公证遗嘱文书的行为是否属于变更或者撤销遗嘱的行为。

关于遗嘱的变更和撤销，我国法律并没有系统的规定，只有《继承法》第20条"遗嘱人可以撤销、变更自己所立的遗嘱……自书、代书、录音、口头遗嘱，不得撤销、变更公证遗嘱"，以及《继承法意见》第39条"遗嘱人生前的行为与遗嘱的意思表示相反，而使遗嘱处分的财产在继承开始前灭失、部分灭失或所有权转移、部分转移的，遗嘱视为被撤销或者部分被撤销"等规定。

遗嘱的变更、撤销方式包括明示方式和推定方式。遗嘱变更、撤销的明示方式是指遗嘱人以明确的意思表示变更、撤销遗嘱。遗嘱变更、撤销的推定方式有遗嘱人故意销毁遗嘱或涂销遗嘱等。有疑问的是，对于公证遗嘱，如果遗嘱人采取烧毁、撕毁等方式故意销毁公证遗嘱文书的，能否发生撤销遗嘱的效力？我国《继承法》对此未作明确规定。笔者认为，公证遗嘱在设立时就必须经过法定程序，公证遗嘱也因为由国家公证机关依法进行了公证，其效力明显高于以其他方式订立的遗嘱。《继承法》第 20 条第 3 款就明文规定："自书、代书、录音、口头遗嘱，不得撤销、变更公证遗嘱。"《继承法意见》第 42 条规定："遗嘱人以不同形式立有数份内容相抵触的遗嘱，其中有公证遗嘱的，以最后所立公证遗嘱为准；没有公证遗嘱的，以最后所立的遗嘱为准。"因此，公证遗嘱在变更、撤销时也应当经过法定的程序，必须到公证处办理。

在本案中，赵强通过公证方式设立了遗嘱，其后因为赵乙盗窃入狱，当众烧毁了公证遗嘱文书，这仅能视为赵强对赵乙表示不满和失望的一种方式，但并不能视为是变更、撤销公证遗嘱的方式。由于最后所立的公证遗嘱之效力高于以前所立的公证遗嘱，因此，赵强若不想由赵乙继承大部分财产，须就遗产的分配立个新的遗嘱并依法办理公证手续。这样，原来那份公证遗嘱就失去了效力。

综上所述，赵强故意烧毁遗嘱的行为不能视为撤销遗嘱，赵乙仍有权依据遗嘱的内容继承遗产。

25 口头遗嘱的效力如何认定？

典型事例

李某在一起意外中遭受重伤，被马上送到医院进行抢救，可惜由于伤势太重，抢救无效，李某临终前在飞奔赶到医院的大哥和弟弟面前说："财产都给周英，你们就听周英安排吧"。李某死亡后，其遗产即全部归其妻周英占有，李某前妻之子小李向法院起诉要求继承李某遗产，即房屋二栋和财产若干。其中一栋房屋为小李与李某生前共同购买，且登记在二人名下。本案中，对李某的口头遗嘱的效力有两种不同的意见。一种意见认为，本案的口头遗嘱的见证人不符合《继承法》的规定，口头遗嘱无效；另一种意见认为，本案的口头遗嘱有效。

法津分析

1. 本案口头遗嘱是当事人的真实意思表示。我国《继承法》第17条第5款对口头遗嘱进行了规定："遗嘱人在危急情况下，可以立口头遗嘱。口头遗嘱应当有两个以上见证人在场见证。危急情况解除后，遗嘱人能够用书面或者录音形式立遗嘱的，所立的口头遗嘱无效。"

本案中，口头遗嘱是李某在来不及作出书面遗嘱的紧急情况下，对自己财产的处分，体现了他真实的意思，应认定他已订立了口头遗嘱，该口头遗嘱符合我国《继承法》的相关规定，应视为合法、有效。

2. 大哥与弟弟作为见证人在本案情形下有效。《继承法》第18条规定，下列人员不能作为遗嘱见证人：无行为能力人、限制行为能力人；继承人、受遗赠人；与继承人、受遗赠人有利害关系的人。认为本案口头遗嘱无效的主要原因即认为大哥和弟弟作为见证人不符合该条的规定。鉴于法律对此规定得不明确，我们应从法律规定背后的法理来看。

首先，《继承法》规定继承人不能作为见证人，这是因为同一顺序的继承人之间往往存在利益冲突，由其作为见证人不能令人信服遗嘱是死者生前真实的意思表示，而且存在有为自己利益而歪曲遗嘱内容的嫌疑。在本案中，大哥与弟弟作为第二顺序的继承人，在存在第一顺序的继承人并没有放弃继承权的情况下，并不是一定不能作为见证人。按《继承法》的精神，如果与第一顺序的继承人存在利害关系，则确定的不能成为见证人。所以，在这种情况下，应该具体情况具体分析，即原告应该证明，见证人在这种口头遗嘱的情况下将受有利益，或具有其他利害关系。否则，是能够作为见证人的。在本案中，大哥与弟弟作为第二顺序的继承人，并不能从遗嘱获益，和被告也不存在什么利害关系，即使有，也应该由原告提出充分的证据来证明。

其次，被继承人在危急的情况下，作出口头遗嘱，法律对此种口头遗嘱予以承认，是对行为人处分自己财产的真实意思与自由的尊重。在危急情况下，在他身边的往往是自己最亲的亲属，也往往就是法定继承人范围内的人。在这种情况下，不能苛求必须有法定继承人以外的人在场进行见证，口头遗嘱才有效，如果这样，生活中的口头遗嘱几乎都很难有效力，法律对口头遗嘱这种遗嘱形式的特别规定也很难发生作用了。这种情况下，应该以见证人是否和遗嘱内容有利害关系为准。

最后，口头遗嘱中，见证人的主要作用在于对被继承人的意思的传达和证明。本案中，如果能找到别人证明此口头遗嘱的存在，如医院可能在场的医生、护士或其他病人进行作证，这些证人证言可以起到补强大哥和弟弟作为见证人的证明作用。

3. 该口头遗嘱不是全部有效。《继承法意见》第38条规定，遗嘱人以遗嘱处分了属于国家、集体或他人所有的财产，遗嘱的这部分应认定无效。李某口头遗嘱是有效的，但仍不能违背这一条规定。这里的财产应该是属于李某所有的个人合法财产，不包括对他人财产的处分。本案实际情况是，在李某的全部财产中，其中有一栋房屋是登记在李某与小李名下的，故李某仅有权处分该共有财产的一半份额，而不能处分属于原告的份额。法院对原告依法分割共有房屋的请求应予以支持，其他请求应不予支持。由于被告一直占据该房，在原告同意的情况下，可以考虑由被告支付一半的房价款给原告。原告对遗产提出的其他诉讼请求不应得到支持。

26 遗赠扶养协议的效力如何？

典型事例

王明和孤寡老人李淑珍是邻居，李淑珍老人无儿无女，配偶早年去世，老人的兄弟姐妹也先于李淑珍老人去世。王明平时对老人李淑珍不错，李淑珍为了晚年有人照顾，就希望与王明订立遗赠扶养协议。后双方找人起草了一份协议，该协议约定：李淑珍由王明赡养，待李淑珍百年之后由王明取得李淑珍所有的房屋一套，面积86平方米。随后王明尽心尽力地照顾了李淑珍的日常生活。3年后，李淑珍老人因病医治无效去世。李淑珍老人的侄子魏大可得知老人去世的消息后，要求继承老人的房产。王明与魏大可发生争议：王明认为根据自己和李淑珍老人签订的协议，自己应当取得李淑珍老人遗留的房产；而魏大可认为老人无儿无女，自己是李淑珍的侄子，应当继承遗产，协议不属于合同，没有效力。双方无法达成一致，于是魏大可起诉至法院，请求法院判令由自己继承李淑珍老人的遗产。

法律分析

遗赠扶养协议是在我国农村"五保"制度的基础上形成和发展起来的。我国《继承法》总结了这种经验，并用法律形式予以肯定的确认。遗赠扶养协议是我国继承立法的一个创造，具有中国特色。

遗赠扶养协议是遗赠人和扶养人之间关于扶养人承担遗赠人的生养死葬的义务，遗赠人的财产在其死后转归扶养人所有的协议。遗赠扶养协议是一种平等、有偿和互为权利义务关系的民事法律关系。遗赠扶养协议是我国《继承法》确立的一项新的法律制度，是我国继承制度的新发展。

遗赠扶养协议主要具有以下几个特点：

1. 遗赠扶养协议是双方的法律行为，只有在遗赠方和扶养方双方自愿协商一致的基础上才能成立。凡不违反国家法律规定、不损害公共利益、不违反社会主义道德准则的遗赠扶养协议即具有法律约束力，双方均必须遵守，切实履行，任何一方都不能随意变更或解除。如果一方要变更或解除，必须取得另一方的同意。而遗嘱是遗嘱人单方的法律行为，不需要他人的同意即可发生法律效力。遗嘱人不仅可以单方面订立遗嘱，而且还可以随时变更遗嘱的内容，或者撤销原遗嘱，另立新遗嘱。

2. 遗赠扶养协议是有偿的、相互附有条件的，它体现了权利义务相一致的原则。而遗赠是财产所有人生前以遗嘱的方式将其财产遗赠给国家、集体或个人的行为，它不以受遗赠人为其尽扶养义务为条件。

3. 遗赠扶养协议不仅有遗赠财产的内容，而且还包括扶养的内容。而遗赠只是遗赠财产，没有扶养的内容。

4. 遗赠扶养协议从协议成立之日起开始发生法律效力，而遗赠是从遗赠人死亡之日起发生法律效力。

5. 被继承人生前与他人订有遗赠扶养协议，同时又立有遗嘱的，继承开始后，如果遗赠扶养协议与遗嘱有抵触，按协议处理，与协议抵触的遗嘱全部或部分无效。

遗赠扶养协议一经签订，双方必须认真遵守协议的各项规定。被扶养人对协议中指明的财产，在其生前可以占有、使用，但不能处分。如果遗赠的财产因此而灭失，扶养人有权要求解除遗赠扶养协议，并要求补偿已经支出的扶养费用。扶养人必须认真履行扶养义务。如果扶养人不尽扶养义务，或者以非法手段谋取被扶养人的财产，经被扶养人的亲属或有关单位请求，人民法院可以剥夺扶养人的受遗赠权。如果扶养人不认真履行扶养义务，致使被扶养人经常处于生活困难、缺乏照料的情况时，人民法院可以酌情对遗赠财产的数额给予限制。

遗赠扶养协议签订后，遗赠人与其子女、扶养人与其父母之间的权利义务关系并不因此而解除。遗赠人的子女对遗赠人的赡养扶助义务，不因遗赠扶养协议而免除。同时，遗赠人的子女对其遗赠以外的财产也仍享有继承权。扶养人在与遗赠人订立遗赠扶养协议的情况下，由于不发生收养的法律效力，因而对自己的父母仍然有赡养扶助的义务，享有互相继承遗产的权利。

魏大可的确是老人李淑珍的侄子，但在法律上，他确实不属于继承人的范畴。我国的《继承法》对继承人的规定很明确，分为第一顺序继承人和第二顺序继承人。第一顺序继承人包括配偶、子女、父母；第二顺序继承人包括祖父母、外祖父母、兄弟姐妹。从法律规定可以看出，魏大可侄子的身份并不属于法定继承人的范畴。在这里社会公众往往存在误区，认为好像只要是比较亲近的亲戚都能继承，其实是否能继承关键还要看是否属于法律规定的继承人。

王明与李淑珍签订的遗赠扶养协议合法有效，且王明切实履行了遗赠扶养协议，对李淑珍进行了生养死葬的义务。因此判令驳回原告魏大可的诉讼请求。

27 监狱服刑人员是否享有继承权？

典型事例

吴刚因年轻气盛伤人被判入狱，在合肥蜀山监狱服刑。吴刚外祖父汪国强有两女，长女即原告吴刚的母亲，次女即李云（随母改嫁到李姓人家改姓李)。吴刚的母亲和外祖父相依为命。1991年原告吴刚的母亲去世后,被告李云经常来照看生父汪国强,直至汪国强去世。外祖父汪国强去世后,留有坐落于全椒县某建制镇街道的三间砖墙瓦屋。李云未经原告吴刚同意擅自将房屋出卖给被告魏某。吴刚在得知这一情况后,委托堂姐向全椒县人民法院起诉,要求确认对外祖父遗留的房产享有代位继承权,请求判决李云与魏某的房屋买卖行为无效。

吴刚认为自己对外祖父遗留的房产享有代位继承权,要求法院确认自己的权利,并判决李云与魏某的房屋买卖行为无效。被告李云和被告魏某认为,吴刚作为限制自由的服刑人员,没有继承权和代位继承权,请求法院驳回吴刚诉请。

法律分析

继承权是指公民依照法律的规定或者被继承人生前立下的合法有效的遗嘱而承受被继承人遗产的权利。继承权包括两种含义:一是,客观意义上的继承权,它是指继承开始前,公民依照法律的规定或者遗嘱的指定而接受被继承人遗产的资格,即继承人所具有的继承遗产的权利能力,此时,享有客观意义上的可能性继承权。二是,主观意义上的继承权,它是指当法定的条件(即一定的法律事实)具备时,继承人对被继承人留下的遗产已经拥有的事实上的财产权利,即已经属于继承人并给他带来实际财产利益的继承权。这种继承权同继承人的主观意志相联系,不仅可以接受、行使,而且还可以放弃,是具有现实性、财产权的继承权。继承权的实现从被继承人死亡或宣告死亡时开始。继承权纠纷提起诉讼的期限为二年,自继承人知道或者应当知道其权利被侵犯之日起计算。

在一般情况下,公民犯了罪,被判处了徒刑,甚至被剥夺政治权利，仍然享有继承权，其他人不得侵犯他的权利。但是并不是每个犯罪服刑的人都享有继承权，根据《继承法》第7条规定，继承人有下列行为之一的，丧失继承权：故意杀害被继承人的；为争夺遗产而杀害其他继承人的；遗弃被继承人的，或者虐待被继承人情节严重的；伪造或者销毁遗嘱，情节严重的。

如果是因上述犯罪行为被判处刑罚，则没有继承权。否则，继承人因犯有其他罪行而被判处有期徒刑、无期徒刑以至死刑并附加剥夺政治权利和被单处剥夺政治权利时，都不丧失继承权。也就是说，如果罪犯不是因为丧失继承权的原因犯罪的，仍然享有继承权。未剥夺继承权的犯罪人员，由于服刑期间人身自由受限制，其继承的财产一般由其他近亲属负责保管。如果其他保管人侵犯了他的合法权益，服刑人有权依照法律规定，向人民法院提起诉讼，维护自己的合法权益。

本案中，原告吴刚系死者汪国强外孙，其母先于外祖父死亡，且其母没有杀害、遗弃、虐待被继承人（其外祖父汪国强）和为争遗产杀害其他继承人等丧失继承权的情形；原告吴刚因打伤他人入狱，无对外祖父及其母亲构成伤害等丧失继承权的犯罪行为；法律规定服刑犯人仍然享有民事权利，故原告吴刚对外祖父汪国强遗留的三间房屋享有代位继承权。被告李云系汪国强女儿，对三间房屋也享有继承权。在遗产未分割前，原告吴刚和被告李云均对三间房屋享有所有权，属于共同共有关系，即该瓦房为吴刚和李云的共同财产，在未分割前未经吴刚同意私自转卖无效。因此，被告李云在共同共有关系存续期间，未征得原告吴刚同意擅自处分共有财产，将三间房屋出售给被告魏某，其民事行为依法应认定为无效。

28 以养子的身份继承，需要具备什么条件？

典型事例

被继承人徐千生前为山西省某镇村民，因与妻子赵雪文未生育子女，于1956年将堂兄12岁的女儿徐媛收为养女。徐媛将户口关系也迁到徐千家，与徐千夫妻共同生活。但是，徐媛也经常去看望生父母。1969年徐媛出嫁后，徐千夫妻又把赵雪文的侄子赵伟成收为养子。当时，赵伟成已是赵光大的养子，而且已经成年，在未解除与赵光大收养关系的情况下，又与徐千夫妻建立了收养关系。赵伟成虽然未同徐千夫妻共同生活，但经常来照顾徐千夫妇，帮助解决生活上的困难，而且，赵伟成把自己的儿子赵小庆改姓为徐小庆，随徐千夫妻共同生活。1983年，赵雪文病故。1984年，徐千病故。赵、徐病重期间，赵伟成请医生为赵、徐看病，悉心照料，赵、徐病故后，赵伟成又负责料理了丧事。

徐千死亡后，遗有存款1 500元和一些家具、衣物。这些遗产，都被赵伟成占有。徐媛认为自己是被继承人的养女，有权继承遗产，并向赵伟成提出这一要求。赵伟成只答应分给徐媛300元存款。徐媛认为太少，遂向某市人民法院起诉，称赵伟成是养子，自己是养女，都有同样的继承权，现赵伟成独占遗产大部是不合法的。赵伟成则辩称，徐媛出嫁后，很少关心被继承人夫妇，而自己尽义务较多，又料理了丧事，所以多继承遗产是理所当然的。

法律分析

根据我国法律的有关规定，收养关系的成立，必须具备一定的条件。首要的就是，被收养人一般应是未成年人，这是由收养的特点决定的。因为收养人与被收养人之间本无直系血缘关系，如果收养成年人，被收养人一般不易与养父母建立深厚感情。其次，建立收养关系的本来意义，是为了使无人抚养的子女能够在养父母的抚育下健康成长，而成年人已具备独立生活的能力，不需要他人抚养教育。因此，按照我国法律政策的规定，在司法实践中，对被收养人是成年人的收养关系，除个别是特殊情况外，一般是不予承认和保护的。同时，1980年《婚姻法》第20条规定："养子女和生父母间的权利和义务，因收养关系的成立而消除。"（2001年修改《婚姻法》时，该条修改为第26条第2款）依此规定，当收养关系成立后，生父母与生子女之间原有的权利义务关系已不复存在，而形成了养父母与养子女之间新的权利义务关系。同样的道理，新的收养关系成立后，原养父母与养子女之间的权利义务，已转移于新的养子女和养父母之间。这就是说，我国法律是不保护双重收养关系的。本案被告赵伟成在保持与赵光大收养关系的同时，又与徐千夫妻"建立"另外一个新的"收养关系"，后一个收养关系显然依法不能成立。由于赵伟成不是被继承人的合法养子，所以，让他以养子的身份继承遗产是没有法律根据的。

所以本案中徐媛是唯一的合法继承人，有权继承遗产；赵伟成作为对被继承人尽过较多义务的人，可以分给他一些遗产作为照顾。依照《继承法》的精神，赵伟成分得遗产的数额还可以多于原告。

29 寄养关系能否获得继承权？

典型事例

赵光、赵爽系同胞兄妹，周文系赵光、赵爽的表妹，即周文之父是赵光、赵爽之母的弟弟。新中国成立前，赵光、赵爽之父是某市工商业者，生活比较富裕，其母考虑到自己的弟弟在农村，子女多，生活比较困难，就经常在经济上接济弟弟，还把侄女周岚接到城市居住，与自己一起生活，并送周文上学读书，直至新中国成立后参加工作。1972 年，赵光、赵爽的父母相继去世。1981 年，国家落实政策，赵光、赵爽家里发还被抄财物和银行存款 80 000 余元。周岚得悉此事后，就以自己是被继承人的养女为由，要求与赵光、赵爽共同继承遗产。赵光、赵爽不同意，于是发生遗产继承纠纷，周岚以周文身份起诉到法院。

法院经审理查明：周文、周岚自参加工作后，虽然不在赵家居住，但经常来看望，并照料被继承人的生活。"文革"期间，被继承人受冲击，周岚仍一如既往，并未以"划清界限"为由断绝往来。但是，周岚始终保持着与农村父母的关系，与被继承人仍以姑父、姑母相称，从未办理任何收养手续。据此，法院认为，周文所诉无理，判决驳回其诉讼请求。

法津分析

在审判实践中，寄养与收养比较难以区别，尤其是寄养与事实收养极为相似。但是，二者是可以区别开来的，他们的重要不同点在于：收养是收养人按照一定的条件和程序，将他人的子女收养作为自己的子女，使原来没有父母子女关系的人之间，产生法律拟制的父母子女关系；而寄养则是指父母由于某种原因不能或不便直接抚养孩子，将孩子寄托在他人家中，委托他人代为照管抚养，被寄养人的生父母、寄养人以及被寄养人之间并无收养的合意。虽然，寄养人与被寄养二人之间可能有着较长的共同生活关系，但是，被寄养人的父母与寄养人之间，只是一种委托关系。因此，无论寄养时间多长，都不引起父母子女关系的变化，被寄养人的父母随时可以解除委托关系，领回自己的子女。在司法实践中，区分收养和寄养关系，就注意抓住以下几点：第一，有无建立收养关系的手续；第二，是否存在事实收养，即相互间是否都公开承认养父母子女关系，孩子与生父母之间的称谓、关系有无变化，养子女与生父母在事实上是否已终止了权利义务关系，是否以子女的身份继承了生父母的遗产；第三，在户籍登记、有关当事人的个人档案登记中，身份关系有无变化。经调查研究，把这些情况弄清，一般是能够确定当事人之间究竟是收养关系还是寄养关系的。

法院认定本案周文与被继承人之间是寄养关系，从而判定周文没有遗产继承权，这是正确的。但是应当提出，周文对被继承人生前有过一定的照顾，法院应依照《继承法》第14条的规定，根据具体情况分给其适当的遗产。

30 依照法律可以分得适当财产，份额可以比法定继承人的多吗？

典型事例

王刚、王玉系同胞兄弟。李春英是王刚的儿媳。1965年，李春英在原籍与王刚前妻所生之子王汉林结婚，生育四个子女（最大的17岁，最小的10岁）。李春英与王汉林结婚以后，一直与王汉林的祖父王老场、祖母康翠花共同生活，对二位老人侍奉照顾，至1983年两位老人去世。李春英、王汉林与王老场、康翠花共同生活期间，对祖产北房6间进行了大修，新盖东房3间，并在院内栽树、垒猪圈和打水井等。在王老场、康翠花生前，王刚、王玉虽然经济上比较宽裕，但基本上对父母没尽什么赡养义务，只是逢年过节寄些食品。1984年3月，王汉林患病死亡，因生活、医疗和丧葬等，李春英先后欠生产队债款和公社卫生院医药费 2000 余元，生活十分困难。

王汉林病故不久，王刚、王玉赶回原籍，决定分家析产。王氏兄弟商定按两股分，王刚、王玉各得祖产北房 3 间。王玉还将自己分得的房子连同院里的树木、猪圈转手卖给李春英，得款 1200 元，致使李春英又向信用社借款 1200 元。

李春英为了还债，准备卖掉自己盖的 3 间房屋，却遭到王刚和王玉的反对。为此，李春英诉至法院，要求王刚、王玉不得干涉其处分自己盖的房屋，自己对祖产北房六间进行过大修，这六间房屋应由自己及子女继承，还要求索回王玉卖房多得的价款。

法院经审理认为：第一，双方讼争的 6 间北房、门楼一座和猪圈一个，应为王老场、康翠花的共同财产，王汉林生前和李春英对该房进行过大修，应得到相应的报酬。院落中的东房 3 间、树木 23 棵，水井一口是王汉林、李春英的夫妻共同财产。李春英及其子女和王刚是王汉林遗产的法定继承人；王刚、王玉是王老场、康翠花的法定继承人，但未尽什么赡养义务，而李春英、王汉林却长期与王老场、康翠花共同生活，尽了主要赡养义务。依据权利与义务相一致的原则，李春英应得的遗产数额应大于王刚、王玉应得数额。第二，王刚、王玉经济状况较好，而李春英欠债较多，又有四个未成年子女需要抚养。所以，对王刚、王玉的遗产份额可不予考虑。第三，王刚、王玉违反法律规定擅自分家析产，王玉还将分得的房屋卖给李春英，这些都是无效民事行为，严重侵犯了李春英及其子女的合法权益。据此，法院判决：王刚、王玉所订分家协议无效，王玉与李春英的房屋买卖关系无效，王玉退还李春英卖房款 1200 元；双方诉争的北房三间、门楼一个、猪圈一个归李春英所有；王汉林生前所欠债务由李春英负责偿还。

法律分析

在法定继承中，法定继承人以外的对被继承人尽过较多乃至主要扶养义务的人，分割遗产时，对其照顾的份额，可否多于其他法定继承人继承遗产的份额？李春英以何种资格取得遗产？

根据《继承法》的规定，法定继承人对被继承人未尽赡养义务的，可以少分或不分遗产。同时又规定，法定继承人以外对被继承人尽了较多或主要扶养义务的人，可以适当分给遗产。在这里，有一个对"适当"一词的理解和掌握的问题，所谓"适当"，能否超过继承人继承遗产的数额，能否是遗产的全部数额？应当认为，对法定继承人以外的人的照顾数额，可以超过继承人继承遗产的数额，也可以是遗产的全部。这是因为，把遗产多分给或全部分给对被继承人尽了主要扶养义务的人，体现了我国《继承法》权利义务相一致的基本原则。从司法实践看，这样做有利于保护妇女、儿童的合法权益，有利于赡养老人的社会风气的形成，受到人民群众拥护，也符合我国目前的实际情况。本案原告李春英，虽然对于王老场、康翠花来说不是法定继承人，但她对被继承人尽了主要赡养义务，生活又相当困难，根据该案具体情况，分给她全部遗产是合适的。

对于李春英以何种身份取得被继承人的遗产的问题，有不同的看法。一种意见认为：丧偶的儿媳或女婿，对公、婆或岳父、岳母尽了主要赡养义务的，可以第一顺序继承人的身份继承遗产，而本案李春英是被继承人的丧偶孙媳，可以比照对丧偶儿媳的规定，以第一顺序继承人的身份继承遗产。另一种意见认为：丧偶儿媳无论在何种情况下，都不能成为法定继承人，她取得遗产，不论是部分还是全部，都只能是以被照顾人的身份取得。应当认为，第二种意见是正确的。因为，《继承法》对于法定继承人以外的儿媳、女婿取得继承权成为第一顺序法定继承人，是有特殊条件限制的，同时，主体也是特定的，只能是丧偶儿媳或女婿，不能是其他人。如果把丧偶孙媳取得遗产的问题也用关于丧偶儿媳的规定来类推，显然是扩大了对《继承法》第 12 条的解释，是于法无据的。本案法院判决很明确，李春英是分得死者的遗产，而不是继承死者的遗产，故本案的处理在适用法律上是正确的。

31 代位继承是否受到辈分的限制？

典型事例

肖庆根、王月仙夫妻在某县城关镇后街有三开间二层楼房 1 栋。1986 年，肖庆根病逝前立下遗嘱，将自己的全部财产交由妻子王月仙继承。2001 年王月仙死亡生前无遗嘱，死后其继承人对遗留的房屋亦未进行过分割。肖庆根、王月仙有二子一女：长子肖阿大（1969 年死亡）生育一子肖文彬，肖文彬与妻子莆翠英育子女肖惠明、肖惠平二人，肖文彬于 2000 年世；次子肖阿二（1998 年死亡）生育子女肖盛德、肖玲娣二人；女儿肖瑞珍（1996 年死亡）收养曹铸铭、曹萍为子女。2004 年 12 月，某钢铁公司征用了王月仙所遗房产，房屋折价款为 10 800 元。次年 3 月，肖盛德从折价款中取走 3 000 元，莆翠英及其子肖惠平取走 3 000 元。此后曹铸铭、肖玲娣、肖惠明、曹萍提起诉讼，要求继承王月仙的遗产的。

某县人民法院审理的查明，本案各原、被告对被继承人王月仙都不同程度地尽过赡养义务，其中莆翠英、肖盛德尽义务较多。基于以上事实，法院判决：肖惠明、肖惠平继承 1 600 元；肖盛德继承 1 700 元，肖玲娣继承 1 600 元；曹铸铭、曹萍各继承 1 650 元；莆翠英分享遗产 1 000 元。

法律分析

代位继承是否受辈分的限制，也就是说，除了孙子女、外孙子女以外，曾孙子女、曾外孙子女是否也有代位继承权的问题。《继承法》虽然没有直接作出规定，但是，应当认为，《继承法》规定被继承人的晚辈直系血亲可以代位继承，这就意味着确立了这样一个原则，即代位继承不受辈分限制。因为，孙子女是晚辈直系血亲，曾孙子女、曾外孙子女同样是晚辈直系血亲。当然，曾孙子女、曾外孙子女只有在父母、祖父母、外祖父母先于曾祖父母或曾外祖父母死亡的情况下，才能代位继承，而且，继承的份额仅限于父母或祖父母、外祖父母应继承的份额。因此，对本案的处理，人民法院判定肖惠明、肖惠平二人有代位继承权是正确的。

被继承人子女的养子女是否可以代位继承的问题，《继承法》第11条规定："被继承人的子女先于被继承人死亡的，由被继承人子女的晚辈直系血亲代位继承。代位继承人一般只能继承他的父亲或者母亲有权继承的遗产份额。"法律规定的"晚辈直系血亲"不仅仅是指自然血亲，而且还包括通过建立收养关系而形成的拟制血亲。因此，不但被继承人亲生子女的养子女可以代位继承，而且，被继承人的养子女、已形成抚养关系的继子女的晚辈直系血亲可以代位继承，被继承人养子女的养子女也可代位继承。因此，本案判决曹铸铭、曹萍有代位继承权也是符合法律规定的精神的。

32 法定继承人尽了赡养义务，却没有得到遗嘱继承，合法吗？

典型事例

杨晋生早年参加革命，他与前妻生有三个子女，即杨志文、杨志德、杨志济三人。杨晋生的前妻于1949年之前去世，没有留下任何遗产。新中国成立后，杨晋生又与刘汝慧结婚，生有杨正平、杨燕妮两个子女。十年动乱期间，杨晋生受到迫害，被开除党籍、公职，遣送到偏远山区劳动了十二年。在此期间，杨志文、杨志济、杨志德在自身经济条件有限的情况下，不但对杨晋生和刘汝慧尽了赡养义务，而且对异母弟、妹杨正平、杨燕妮尽了扶养义务。1978年，杨晋生平反，补发工资近30 000元，他除了交纳党费、退生产队工分收入款和添置日常生活用品外，赠给五个子女每人现金1 000元。当时，这五个子女均已成年，并独立生活。1984年，杨晋生亲笔写下遗嘱，指定"继承人是遗孀刘汝慧，我的全部私有财物一律归刘汝慧全权所有，任何人不得干涉。我对五个子女都已完成抚养义务，儿女们要靠自己的劳动独立生活，做中华民族的好儿女"。杨晋生病故后，其前妻所生的三个子女，为了继承遗产，与刘汝慧发生争执。杨志文等向某区人民法院诉称：自己是被继承人的子女，而"文革"中对父亲尽了大量赡养义务，继承遗产天经地义。刘汝慧则坚持自己是被继承人指定的遗嘱继承人，不同意杨志文、杨志德、杨志济的诉讼请求。

法院经过审理认为：杨晋生在生前有权处理属于自己的财产，所立遗嘱是合法有效的，应予保护。据此，判决杨晋生的遗产全部由刘汝慧继承。

法律分析

法定继承人对被继承人尽了大量赡养义务，被继承人却立遗嘱将自己的遗产全部处分给他人合法吗？

人民法院对这一案件的判决是正确的。审理遗嘱继承案件，关键是确认遗嘱的合法性。根据我国《继承法》的规定，合法有效的遗嘱必须具备四个要件：①遗嘱必须是被继承人真实意志的表示；②遗嘱只能处分被继承人个人所有的财产；③遗嘱必须依据法律规定的形式设立；④遗嘱不能取消法定继承人中未成年人和缺乏劳动能力又无生活来源的人的继承份额。本案被继承人杨晋生所立遗嘱，显然是其真实的意思表示。遗嘱没有处分家庭共有财产或夫妻共有财产，而是处分自己所有的财产。该遗嘱又是本人亲笔书写，符合自书遗嘱的规定。而且，被继承人的子女均已成年，有固定工资收入，不存在缺乏劳动能力又没有生活来源的问题，所以，法院根据遗嘱将遗产全部归遗嘱继承人继承，是符合法律规定的。如果认为法定继承人对被继承人尽了较多义务，就必须分给他遗产，就是混淆了法定继承和遗嘱继承的界限，把法定继承的规定适用到遗嘱继承中来了，那是不妥当的。应当明确，法定继承人虽然对被继承人尽了义务，但被继承人却立遗嘱将自己的遗产处分给他人，只要遗嘱符合《继承法》规定的条件，就是有效的。

需要进一步明确的是，本案被告刘汝慧亲生子女杨正平、杨燕妮属于法定继承人，如果他们不主张继承父亲遗产，可以不追加其为当事人，不要求他们参加诉讼；如果他们也主张法定继承权，则应追加杨正平、杨燕妮参加诉讼。

33 遗赠扶养协议关系与"五保"关系是一样的吗？

典型事例

夏清泉的生父于1960年死亡。同年，夏母与被继承人黄绍南结婚，夏清泉随母和继父共同生活。1976年，夏清泉结婚，随丈夫一起生活。黄绍南有祖遗房产4间，木帆船一只，以驾船运输为业。1977年初，某县组织水上船民成立木帆船运输合作社，黄绍南带船入社。1986 年，黄绍南因年老体弱不能再驾船运输，夫妻俩身边没有亲人，生活诸多不便。于是，黄绍南夫妻与木帆船运输合作社商定，由合作社负责黄绍南夫妻的生活费用和日常生活的照料，并负责其死后的安葬；黄绍南夫妻的房屋 4 间、木帆船一只，在其死后归合作社所有。在此期间，夏清泉虽未负担父母的生活费用，但经常看望父母，帮助料理家务。1998 年、2005 年黄绍南夫妻相继去世，由木帆船合作社负责安葬。2005 年，合作社将黄绍南夫妻的遗产 4 间房屋出卖给他人，夏清泉认为这是侵犯了自己的继承权，遂向县人民法院提起诉讼。

县人民法院审理后认为：被继承人黄绍南夫妻在丧失劳动能力后，木帆船合作社对其给予了"五保"待遇，所以，黄绍南夫妻的遗产应归集体组织所有。据此判决：驳回夏清泉的诉讼请求，被继承人的遗产全部归木帆船合作社所有。

法 律分析

遗赠扶养协议关系与"五保"关系有什么区别？对被扶养人遗产与对"五保户"的遗产的处理原则相同吗？

"五保"制度是我国农村建立在集体所有制经济基础上的养老制度。"五保户"是我国农村中没有亲属供养而享受社会保险的农户。享受"五保"的人通常都是缺乏或丧失劳动能力而又无近亲属赡养的老弱孤寡病残的农民。对于这些人，家村集体经济组织负责供养他们，使他们老有所养，生养死葬。对于"五保户"的遗产，根据《继承法》规定的精神，应当区别不同情况作不同处理。集体组织对"五保户"实行"五保"时，双方有扶养协议的，按照协议处理；没有扶养协议的，如果死者有法定继承人或遗嘱继承人要求继承的，在扣还死者生前的"五保"费用和合法债务后，其遗产可以按法定继承或遗嘱继承处理。

遗赠扶养协议是当事人之间的一种合同关系。《继承法》第31条规定："公民可以与扶养人签订遗赠扶养协议。按照协议，扶养人承担该公民生养死葬的义务，享有受遗赠的权利。公民可以与集体所有制组织签订遗赠扶养协议。按照协议，集体所有制组织承担该公民生养死葬的义务，享有受遗赠的权利。"根据这一规定，被扶养人有要求扶养的权利和恪守协议、不得对自己的财产做出不利于扶养人的处分等义务，扶养人有取得遗产的权利和扶养的义务。

应当明确，"五保"关系与遗赠扶养协议看起来相似，其实二者的法律关系是不同的，性质上有区别，遗产处理上并不一样。本案被继承人与被告之间的关系，虽然是遗赠扶养协议关系，而不是"五保"与被"五保"的关系，法院在处理结果上确认遗产归被告所有，但在事实的认定和法律的适用上都是不妥当的。

34 继承开始的时间如何进行界定？

典型事例

王大力、任芬系夫妻关系。王大力以夫妻感情破裂为由诉至法院，要求与任芬离婚。任芬同意离婚。经法院调解，双方就子女抚养问题亦达成协议。但是，在财产分割问题上二人意见严重分歧。王大力诉称：自己与任芬系1980年结婚，自己的父亲系1979年死亡，父亲遗留给自己的30 000元存款是自己婚前个人财产，应属自己所有。任芬辩称：王大力所述结婚时间和其父死讯时间都是确实的，但是王大力与自己结婚时，其父财产还在冻结中，王大力实际取得财产是在1981年，即与自己结婚之后，应认定这30 000元是夫妻共同财产，应当在离婚诉讼中分割。

法院查明，王大力、任芬所述属实。经调解双方不能达成协议，法院判决准予双方离婚，子女由男方抚养，30 000 元存款归男方王大力所有。

法 律分析

夫妻一方婚前应当继承而婚后才实际取得的遗产，是否属于夫妻共同财产？

《继承法》第 2 条规定："继承从被继承人死亡时开始。"依此规定，继承人取得继承权，确定继承人的范围和遗产的内容，以及遗嘱生效等，都必须以继承开始的时间为准。在实际生活中，继承开始的时间与遗产分割的时间往往不同。继承开始的时间，是被继承人死亡的时间，是一种法律事实，不能人为地变动；遗产分割的时间，是继承人实际取得遗产的时间，可以根据实际情况或由继承人协商确定。因此，不能把遗产分割的时间当作继承开始的时间，在任何情况下都要把被继承人死亡的时间作为继承开始的时间。

就本案来说，双方当事人争执的存款显然不是双方在婚姻关系存续期间所得的共同财产。因为男方父亲死亡时，双方尚未结婚，此时男方已经取得了对父亲遗产的继承权，只不过存款尚在冻结之中，但冻结并不消灭财产的所有权，而是停止使用，婚后的发还，只是意味着恢复使用，这项财产属于男方婚前财产的性质没有变化。因此，按照婚前的个人财产原则上归个人所有的有关规定，法院认定这 30 000 元存款为王大力个人财产是正确的。

35 养父死后，养子与养母解除收养关系，是否还有继承权？

典型事例

胡广升、卢碧莲夫妻在某镇有四间瓦房，二人没有生育子女，1967年收养胡先军为养子，三人一直共同生活。2006年11月，胡广升因病去世。此后，因家庭生活琐事，胡先军与卢碧莲经常闹矛盾，双方关系恶化，养母子关系难以维持。为此，卢碧莲向区人民法院起诉，要求解除与胡先军收养关系。经调解，双方达成解除收养关系的协议，由法院制发了调解书。2007年1月，卢碧莲去世，她在临终前立下遗嘱，所遗瓦房四间均由侄女卢霞继承。继承开始后，胡先军和卢霞为四间房屋的产权发生争执，胡先军认为自己是法定继承人，卢霞则认为自己是受遗赠人，双方争执不下，诉讼到区人民法院。

法律分析

胡先军在养父胡广升死亡后，与养母卢碧莲解除了收养关系，还是不是法定继承人？能否认为胡先军放弃了继承权？

首先应当明确，本案当事人其实是对不同继承关系中的遗产提出请求，是分别要求继承胡广升的遗产和卢碧莲的遗产。继承开始的时间是被继承人死亡的时间，胡广升于2006年死亡，卢碧莲于2007年死亡，两个继承不是同时开始的。所以，仅仅视本案为一个继承，把卢碧莲的死亡时间作为唯一的继承开始的时间，是不妥当的。

其次，收养是收养人依法把他人的子女作为自己的子女，使收养人和被收养人之间产生父母子女关系的一种民事法律行为。收养关系形成以后，解除收养关系应征得收养人的同意。收养人死亡以后，如果仍能解除收养关系，于法无据。本案原告虽然与卢碧莲解除了养母子关系，但是，不能认为他与胡广升的养父子关系也解除了。因此，原告对养父的遗产仍应享有继承权。

最后，胡广升死后，胡先军没有作出要求继承的意思表示，但不应据此认为他放弃了继承，而应看作他接受了继承，只不过胡先军、卢碧莲继承的胡广升的遗产是以共有形式存在罢了。因为，我国《继承法》第25条明确规定："继承开始后，继承人放弃继承的，应当在遗产处理前，作出放弃继承的表示。没有表示的，视为接受继承。"

基于以上分析，应当认为，本案诉讼标的是四间房屋，胡广升与卢碧莲各有二间房。胡广升去世后，卢碧莲、胡先军同为第一顺序法定继承人，对于被继承人的遗产，各应继承1/2。卢碧莲所立遗嘱，处分了属于胡先军的部分财产，故该部分无效。据此，应判决胡先军继承胡广升的遗产房屋一间，卢霞继承卢碧莲的遗产房屋三间。

36 孙子女遗弃祖父母，丧失继承权吗？

典型事例

李宝田、李宝琴父母均早年病故，二人随祖父、祖母长大成人。八年前，李宝田结婚，婚事由祖父李长根、祖母袁玉梅操办。李宝田结婚的当年，李长根去世，临终前立下遗嘱，自己的全部遗产由妻子袁玉梅继承。袁玉梅是家庭妇女，且年老多病，丧失劳动能力，亦不享受劳保待遇。李宝琴年纪尚幼，李长根生前积蓄为操办李宝田婚事，所剩无几，李长根夫妻没有其他子女，袁玉梅、李宝琴祖孙二人生活无着。为此，袁玉梅带着未成年孙女李宝琴到李宝田处要求一起生活。李宝田不允，将袁玉梅、李宝琴撵出，而且恶言相向，辱骂袁玉梅。对此，群众非常气愤，街道、居民委员会曾数次写信给李宝田的单位，反映李宝田的恶劣行为。经过单位领导多次批评、帮助和教育，李宝田仍不思悔改，拒不扶养祖母和未成年的妹妹。而且，他认为袁玉梅在单位告了他的状，使他丢人现眼，对祖母更加忌恨。八年中，李宝田从没有对袁玉梅和李宝琴给予丝毫帮助，袁玉梅生活困难，仅靠未成年的孙女李宝琴干临时工维持生活。1985 年，袁玉梅去世，遗有房屋二间，李宝田要求李宝琴分一半给他，李宝琴不答应，遂诉至法院。

某区人民法院认为：李宝田是袁玉梅的孙子，收入较多，在父母双亡的情况下，有扶养祖袁玉梅的法定义务，亦有扶养的条件和能力，但他竟将年老体弱、丧失劳动能力而又没有生活来源的祖母推出门外，不尽法定赡养义务，还对被继承人有辱骂行为，已经构成遗弃，而且情节严重。据此，判决如下：李宝田丧失对袁玉梅遗产的代位继承权；袁玉梅的遗产均由李宝琴继承。

法律分析

一般来说，子女对父母有赡养扶助的义务，孙子女、外孙子女可以不直接赡养扶助祖父母、外祖父母。但是，1980 年《婚姻法》第 22 条规定："有负担能力的祖父母、外祖父母，对于父母已经死亡的未成年的孙子女、外孙子女，有抚养的义务。有负担能力的孙子女、外孙子女，对于子女已经死亡的祖父母、外祖父母，有赡养的义务。"（2001 年修改《婚姻法》时，该条修改为第 28 条）这就是说，由于祖父母、外祖父母与孙子女、外孙子女是三代以内直系血亲，祖孙关系密切程度仅次于父母与子女的关系，所以，在一般情况下，父母由子女赡养，子女由父母抚养，祖孙间无权利义务关系，但在特定的情况下，产生权利义务关系。因此，本案原告李宝田与被继承人袁玉梅之间有赡养扶助的权利义务关系，李宝田在有经济能力的条件下不尽法定义务，生不养，死不葬，甚至当面辱骂，给老人造成精神痛苦，是严重的遗弃行为。按照《继承法》第7条的规定，凡属遗弃被继承人情节严重的继承人，应当丧失继承权。因此，人民法院依法确认原告李宝田丧失继承权，是完全正确的。

37 打印的遗嘱有亲笔签名，遗嘱有效吗？

典型事例

李先生生前立下一份遗嘱，将自己的全部遗产交由儿子继承。拟好后，李先生请朋友张先生为他打印，在打印好的遗嘱上亲笔签名，还有两名证人现场见证，并签字。

今年初，李先生去世。李先生的女儿认为，父亲生前虽留有遗嘱，但遗嘱不是他亲笔书写，也没给母亲留下应有份额，这份遗嘱应是无效遗嘱。所以，诉至东城区法院，要求对李先生留下的遗产进行继承。李先生的儿子认为，父亲所立遗嘱是他的真实意思表示，并有他的签字，从形式到内容都符合法律规定，应认定为有效遗嘱。遗嘱已明确写明，父亲的个人财产归自己所有，因此，不同意原告的诉讼请求。

一种意见认为，李先生遗嘱的主文部分不是他亲笔书写，也不是请见证人代为书写，他立遗嘱的方式在《继承法》中没有明确规定。所以，这份遗嘱不应认定有效，应按法定继承依法分割李先生的遗产。

第二种意见认为，李先生所立的遗嘱是由他本人事先草拟好，再交由他人代为打印，他人代为打印只是立遗嘱人实现意思表示的一种方式和途径，两者是目的和手段的关系。同时，请张先生代为打印时，有两名证人现场见证，所以，应认定遗嘱有效。

法律分析

《继承法》第 16 条第 2 款规定："公民可以立遗嘱将个人财产指定由法定继承人的一个或者数人继承。"第 17 条第 2、3 款规定："自书遗嘱由遗嘱人亲笔书写，签名，注明年、月、日。代书遗嘱应当有两个以上见证人在场见证，由其中一人代书，注明年、月、日，并由代书人、其他见证人和遗嘱人签字。"此外，《继承法》还规定了录音遗嘱、公证遗嘱等多种订立遗嘱的方式。本案中，李先生的遗嘱不是他亲笔所写，也不完全符合法律关于代书遗嘱的规定，但遗嘱人意思表示的方式可以是多种多样的，如交付遗嘱的草稿、直接口述、电话指示以及托人转达等等。

公民有权处分自己的个人合法财产，法律规定遗嘱方式，是为了体现公民的真实意思表示。本案中，李先生生前将自己拟制的遗嘱委托他人打印，遗嘱从形式上虽不是李先生亲自书写，但订立遗嘱及遗嘱的内容是李先生的真实意思表示，遗嘱上有他的亲笔签名，并有两个无利害关系的证人现场见证并签字，由此也可证明，遗嘱是被继承人的真实意思表示，所以，应认定遗嘱有效。

---

38 "过继"是否就成立了收养关系？

典型事例

半个世纪前，姜老太领养了丈夫弟弟邱易的儿子邱刚，供其上学，送其参军，含辛茹苦培养成人。不料，2006 年的一场车祸夺去了邱刚的生命。养母、生母谁来继承邱刚的遗产，原本亲热的两家人闹上了法庭。上海的姜老太说，邱刚是自己的养子，按照法律规定，其应该继承全部遗产；安徽的邱易夫妻则认为，虽然姜老太夫妻在抚养邱刚的岁月里做了许多，但只不过是两家合一子的意思，故邱刚的遗产应该各继承50%。

法律分析

本案中遗产归谁不是争论要点，要点是要确认姜老太和邱刚之间能否成立收养关系，解决了这一问题，遗产的归属纠纷也就迎刃而解了。那么，未进行收养登记的领养是否具有法律效力？

此案例中姜老太领养的是丈夫弟弟的儿子，在我国古代称为"过继"，现在广大农村地区仍然有此类习俗。邱刚的生父母认为的"两家合一子"，在古代称为"兼祧"，可视为过继的一种。过继的意义是没有儿子的人家，往往从男方家族中过继一个男孩来传递烟火。因为过继体现了男女不平等的旧思想，故我国1992年颁布的《收养法》中并没有对其进行规定，更没有承认"两家共一子"的兼祧，而只承认收养这一种形式。所以，不论是没有血缘关系的收养还是古代意义上的过继，都要符合《收养法》的有关规定，进行收养登记、为被收养人办理户口等法定程序，并且不承认"两家共一子"的兼祧制度。

我国《收养法》第15条第1款规定："收养应当向县级以上人民政府民政部门登记。收养关系自登记之日起成立。"第16条规定："收养关系成立后，公安部门应当依照国家有关规定为被收养人办理户口登记。"

但我国《收养法》是1992年出台的，姜老太收养邱刚早在半个世纪之前，那时并没有要求收养须登记。故而，法院认为，虽然姜老太与邱刚之间并未办理收养的登记手续，但当时《收养法》

尚未颁布，当时的法律、法规也未要求收养必须登记，且邱刚在出生后不久即将户口迁至姜老太夫妇处，从其履历表、派出所户籍摘录、本户人员情况表、居委证明记载显示，邱刚与姜老太夫妇间均是以父母儿子相称，日常居住生活也主要是在上海并由姜老太夫妇抚养照顾。况且在邱刚自书文章中，对姜老太也是以母亲相称，在邱易写给姜老太夫妇的信函中也表达了将孩子给姜老太夫妇的意思表示。结合上述证据认定姜老太与邱刚间收养关系成立。

依据相关法律规定，养子女与生父母及其他近亲属间的权利义务关系，因收养关系的成立而消除。被继承人邱刚生前无配偶及婚生子女，而养父邱书又先于邱刚死亡，故第一顺序继承人仅为姜老太，邱刚的所有遗产应由姜老太继承。

另外还须注意，本案中过继发生在《收养法》之前，且双方存在扶养关系，则过继子女与过继父母的关系适用《婚姻法》中的父母子女关系，双方互有继承权，过继子女对过继父母应当尽赡养义务；如果过继发生在《收养法》之后，且未办理收养登记的，则不论双方是否存在扶养关系，均不得适用《婚姻法》中的父母子女关系，双方互不存在父母子女的权利义务关系。

39 社会捐款能否作为遗产继承？

典型事例

本地某小学的刘某是一名天真可爱的四年级学生。不幸的是，她于去年8月便被确诊为患有小儿急性淋巴细胞白血病。刘某的父母仅仅是普通的工薪阶层，其微薄的积蓄远远不足以支付这些医疗费用。

　　刘某所在的学校得知这一情况后，为挽留刘某年轻的生命，立刻以学校的名义向全校师生倡导募捐活动，而且通过多种方式，向社会各界发出了募捐倡议，并成立募捐办公室对捐款的收取、支出进行管理。直至去年年底，共收取捐款人民币 36 万元，并将其中 20 万元用于支付刘某的医疗费用。可惜，爱心并没有挽留住刘某的生命，前些日子，刘某不幸病故。事后学校没有通过刘某父母同意，便将剩余的 16 万元捐款全部捐赠给了慈善机构。

　　刘某的父母在得知此事之后，认为社会各界给予刘某的捐款应该归属刘某及其家人所有，学校仅仅是捐款的保管者，无权对这笔捐款进行支配，要求学校将这剩余的 16 万元返还给刘某家长。但是学校却认为，社会给予刘某的捐款是给刘某用于治病，并非是给予刘某的遗产。而且学校也并没有将这笔捐款收归己有，而是将其捐赠给了慈善机构，体现的是公众意愿，学校没有义务将这笔钱返还给刘某家长。

法律分析

　　从本案募捐情况以及受益人来看，本案不属于公益募捐，而是属于为受益人特定利益的募捐。这种为受益人特定利益的募捐，并不是无端地赠与受益人，而是必须用于为受益人特定利益。如果款项的使用符合捐赠目的，捐款当然应当由受益人受益。但如果款项使用不符捐赠目的，那么捐赠人有权撤回，募集人也有权拒绝向受益人交付捐款。

　　刘某病故后，捐赠人的特定捐赠目的因失去刘某这一载体而消除。遗留的捐款则不能为刘某所占有，也不能转化成为刘某的遗产。不是捐赠合同当事人的刘某父母，则更不能享有权利。学校如数将捐赠余额捐献给慈善机构，既非越权，也不违背捐赠人"救助"的意愿和目的，属于合理合法的处理方式。所以学校没有义务将这笔捐款返还给刘某父母。

捐赠行为是有目的的赠与行为，或者是附条件的赠与。现实生活中，募集人很多是单位，单位获得捐款后再支付给受赠人。捐赠人也大部分都是匿名捐款，由慈善机构或相关单位代为实施捐赠行为。慈善机构或相关单位作为代理人对捐款享有管理权，一般要符合捐赠人的意愿定向使用捐款，无支配和收益权，此时，存在于代理人账户上的钱款所有权仍然属于捐赠人。当受赠人死亡或者捐赠目的达到后，剩余的捐赠款项如果没有实际交付给受赠人，其所有权属于捐赠人，不能作为受赠人的个人财产。

40 代书遗嘱，仅有被继承人按捺的手印，有效吗？

典型事例

2012 年，王大爷在去世前，在邻居江某、向某的见证下，由同事刘某代写了一份遗嘱。遗嘱内容为："本人王某某因年事已高，现写遗嘱如下：本人过世后将本人所有财产及房屋留给妻子丁某一人全权处理，与其他人无关。"王大爷在此遗书上按了手印，同时江某、向某签名。王大爷此后不久过世。王大爷三个子女系其前妻所生，现任妻子丁某于 2004 年与王大爷登记结婚，无共同子女。王大爷过世后，分割遗产时，丁某称按照王大爷的遗嘱，房屋归她所有，而三个子女称遗嘱不合法，而且不是父亲真实意思表示，应按照法定继承，对遗产房屋予以分割。

法律分析

本案争议的焦点在于，按照《继承法》第 17 条的规定，代书遗嘱必须由遗嘱人签名，而王大爷并没有在遗嘱上签名，仅仅是按手印，因此，该份遗嘱是否符合法定形式要件而有效？

第一种意见认为，按印是我国民间通行做法，本案中王大爷在遗嘱上按印，合乎民间习俗和生活常识，因此所立代书遗嘱合法有效，也即与本案的一审判决所持观点相同。

第二种意见认为，本案中王大爷所立代书遗嘱，只有按印没有签名，对于受过教育，能识字书写的王大爷来说，有违常理。因此，该份代书遗嘱不符合"遗嘱人签名"的形式要件，应当认定无效。

按照我国法律规定，遗嘱是一种要式行为，非依法律规定的方式形成，不能发生遗嘱的效力。

依据《继承法》，代书遗嘱应当由两个以上见证人在场见证，由其中一人代书，注明年、月、日，并由代书人、其他见证人和遗嘱人签名。从法律设定代书遗嘱形式要件的目的来看，要求遗嘱人在代书遗嘱上签名，就是为了防止由于遗嘱内容非本人亲笔所写，出现内容与遗嘱人的真实意思表示不一致。

关于按手印，我国民间对此一直有"签字画押"的习俗，即"签字"等同"画押"。在各类民事、商事司法实践中，对"签名"或者"画押"，如果严格机械坚持要式性，就可能会违背当事人的真实意思表示。但是，在涉及"代书遗嘱"的继承案件中，被继承人已经死亡，如果没有"签名"只有"按印"，就很难确保设立遗嘱时被继承人神志清醒，未受胁迫等影响，而只由见证人、代书人事后加以证明，难以确认该代书遗嘱是被继承人的真实意思表示。

本案中，法院审理查明王大爷具有高中文化，生前是坐堂中医，长期手写处方，不存在不识字或不能签名的问题。从设立遗嘱的情况看，王大爷应该清楚代书遗嘱的形式要件。如果当时仅仅是丧失书写能力，不得不按印代替签名，那么除非有现场录音、录像等其他充分客观的证据，佐证该代书遗嘱的形成是其真实意思表示，否则该代书遗嘱应认定为无效。

实践中，被继承人设立遗嘱后，因改变了法定继承，会对各继承人所期待的利益产生较大影响。代书遗嘱作为一种遗嘱类型，必须严格符合法律规定的形式要件。对存在瑕疵的代书遗嘱，切不可随意变通作有效认定。只有这样才能更好地维护立遗嘱人和继承人的利益，最大限度地减少因遗嘱产生的纠纷。

41 自书遗嘱上一直没有落款日期，效力如何？

典型事例

李念生有三子，李强、李晓和李军，李念的妻子和儿子李军在几年前的一场意外中不幸过世。李军的妻子亦改嫁，只留下尚未成年的孙女李倩由李念抚养、照顾。在李倩18岁那年，李念结识了赵某并在同一年办理了结婚登记。为了尽量弥补孙女自小就失去的父爱，李念对李倩疼爱有加，并在自己生病后的某天，在妻子赵某的见证下书写了一份遗嘱，把自己名下70平方米的房产交由李倩一人继承。可能是由于当时疏忽或者是其他的原因，这份自书遗嘱一直都没有签上落款日期。

2013年李念过世后，李倩主张自己对李念遗留的房产具有全额继承权要求把房产过户到自己名下。李念的两个儿子李强和李晓认为父亲生前对侄女李倩关爱有加，其遗留下来的遗产相应多分给她一些可能性很大，大家都没有意见。但是父亲不可能把自己仅有的一套房子全部给自己的孙女却丝毫不考虑生活艰难的儿子，肯定是李倩逼着父亲那么写的。再说父亲留下来的遗书并没有签署落款日期，依法应认定为无效，房子还是应该由所有法定继承人共同享有，双方为此争执不下。2013 年 3 月 10 日，李强、李晓将李倩起诉至法院，要求法院判决李念的遗嘱无效，李念遗留的房产由全体法定继承人共同享有。

在诉讼的过程中，李念的妻子赵某声称房子留给李倩是李念的遗愿，明确自己不参与有关房产继承的诉讼，放弃对房产的继承权利。同时赵某表示愿意为李倩作证，证明李念书写遗嘱的日期是 2012 年 6 月 28 日上午 10 点左右。

法津分析

自书遗嘱应当由遗嘱人亲笔书写、签名并注明落款日期。该案中，被告李倩及证人赵某均证实李念书写遗嘱时及之后将近两个月（即病情恶化前）的时间内精神状况良好，只是健康状况稍差但不足影响其对自己的财产权益做出的处分行为。由此可推定，李念书写遗嘱时不注明落款日期及在之后长达近两个月的时间里也没有补上实属故意，说明李念并未真正下决心要把房产遗留给李倩一人继承。即使赵某证明遗嘱的书写日期是 2012 年 6 月 28 日，也并不能直接推定出遗嘱人当天签署了落款日期。因此，不应认定该遗嘱是遗嘱人的真实意思表示。另外，该案的被告李倩及证人赵某并不否认李强、李晓在李念生前对李念进了相应的赡养义务，每月都给予李念一定数额的生活费。因此，李强、李晓主张李念是基于公平起见才不注明落款日期的说法符合人们的日常处事规则，依法应予支持。

经过审理分析，法院判决该遗嘱无效，李念遗留的房产由全体法定继承人共同享有。基于赵某已经明确表示放弃对该房产的继承权，房产由李强、李晓及李倩共同享有。

42 承包人死亡后征地补偿款可以继承吗？

典型事例

孙阔有三个子女，分别为孙兴、孙芳以及孙强。孙兴赡养孙阔到 2000 年，后孙阔由孙强赡养，直到 2009 年 7 月孙阔去世。办理孙阔丧葬事宜时，孙兴、孙强各拿出 5 000 元，原告孙芳拿出 3 000 元。1998 年，被告所在的村分地时，村里按被告户上五口人给被告家分的地，五口人分别是孙阔、孙强、被告孙兴的妻子王某及两个儿子。土地承包经营权证书上登记的承包户主为孙强，共分得承包土地四亩，承包期间为 1998 年 9 月 30 日至 2028 年 9 月 30 日。2011 年 6 月该承包土地被征用，每亩土地补偿标准为 49 664 元，但村委给付村民土地补偿款时，实际上七分地按七分五给付的补偿款。2012 年 5 月底，被告拿到了土地补偿款。原告认为，父亲的那部分补偿款是父亲的遗产，应扣除原、被告为父亲办理后事各拿出的钱后，余款 28 200 元作为遗产由姊妹 3 人继承（原告应继承 5 640 元）。但被告不同意，要一个人独占。经多次协商无效，原告孙芳诉至法院，要求将父亲遗留的征地补偿款按遗产分割。

法律分析

1. 农村土地征用补偿费的分配原则。农村征地补偿款的分配不是基于人口，而是基于地，按照"生不增，死不减"的原则，对农户进行补偿。征地补偿款按照家庭为单位发放，以家庭承包的土地面积确定补偿款。家庭内部分配问题，由家庭内部自行解决。对已死亡或丧失家庭成员资格的人丧失了农户成员的身份，自然无法获得补偿，对于可能成为还未成为该农户成员的人也不能获得，所以只有农户现有成员才能获得。

2. 土地征用补偿费是否属于收益。《农村土地承包法》第 16 条第 2 项规定："承包方承包地被依法征用、占用的，有权依法获得相应补偿。"《土地管理法》第 47 条第 2 款规定："征用耕地的补偿费用包括土地补偿费、安置补助费以及地上附着物和青苗的补偿费。"征地补偿费的主要目的是对失地农民预期损失的补偿，是对农民将来生产、生活的保障。已去世的家庭成员，除地上附着物和青苗的补偿费中有其生前的投入外，均不能成为享受补偿的权利主体。

3. 土地承包经营权中以家庭为承包户的性质。《农村土地承包法》第 15 条规定："家庭承包的承包方是本集体经济组织的农户。"家庭承包是以户为单位取得土地承包经营权，承包期内家庭部分成员死亡的，土地承包经营权不发生继承问题。家庭成员全部死亡的，土地承包经营权消灭，由发包方收回承包地。

家庭联产承包责任制的承包方是本集体经济组织的农户，即家庭承包是以农户为单位而不是以个人为单位，这就决定了家庭土地承包经营权的继承与一般意义上的继承不同。家庭成员之一死亡，并未导致农户的消亡，农村土地承包合同并未终止，故以家庭为农村土地承包户的承包地并不发生继承，且征地补偿款不属于承包收益，因此征地补偿款不能作为遗产继承。

43 胎儿是否有继承权？

典型事例

王三全在自己的村里开了一个小饭店，家庭经济状况较好。王三全生育三个儿子，其妻早年去世。2005 年 5 月，王三全的第三个儿子因车祸而死亡，此时，其妻子肖某已怀孕 6 个月。同年 8 月，王三全突然发病死亡，安葬完毕之后，其长子与次子将遗留的 11 万元的现金和一栋价值 16 万元的楼房进行了分割。肖某得知后，遂向两位大哥提出异议，认为其怀孕胎儿应分得一份遗产。为此，两位大哥反对，认为弟弟已去世，肖某腹中胎儿不具有继承权。故肖某诉至法院，要求保护腹中胎儿的合法权益。那么胎儿到底有没有继承权呢？

法律分析

根据《民法通则》第 9 条规定，公民从出生时到死亡时止，具有民事权利能力，依法享有民事权利，承担民事义务。因此，自然人的民事权利能力实际也就是始于出生，终于死亡。胎儿因为没有出生并不属于独立的民事主体，因此不具有继承遗产的法定资格和能力。从表面上看这种意见是符合民法规定的，但是在继承领域我国法律又有特殊规定。《继承法》第 28 条规定："遗产分割时，应当保留胎儿的继承份额。胎儿出生时是死体的，保留的份额按法定继承办理。"为了妥善处理继承中有关胎儿的问题，最高人民法院《关于贯彻执行〈中华人民共和国继承法〉若干问题的意见》第 45 条规定："应当为胎儿保留的遗产份额没有保留的，应从继承人所继承的遗产中扣回。为胎儿保留的遗产份额，如胎儿出生后死亡的，由其继承人继承；如胎儿出生时就是死体的，由被继承人的继承人继承。"上述法律规定表明，我国法律对于未成年人的利益的保护的范围已经延伸到未出生的胎儿。虽然胎儿不属于民事主体不能直接享有继承权，但根据以上相关的法律规定还是应当为胎儿保留其应继承遗产的份额，等待胎儿出生后根据具体情况确定遗产的分配。

本案还有一个特殊之处，即胎儿的父亲先于被继承人王三全去世。此种情况下，胎儿能否继承王三全的遗产呢？这又涉及代位继承问题。对于代位继承，我国《继承法》第11条规定："被继承人的子女先于被继承人死亡的，由被继承人的子女的晚辈直系血亲代位继承。代位继承人一般只能继承他的父亲或者母亲有权继承的遗产份额。"由此可见，代位继承必须具备以下条件：①代位继承发生的原因是被继承人的子女先于被继承人死亡；②被代位继承人仅限于被继承人的子女及其晚辈直系血亲，被继承人的其他法定继承人不能成为被代位继承人；③代位继承人仅限于被代位继承人的子女及其晚辈直系血亲；④代位继承只适用于法定继承，在遗嘱和遗赠继承中均不能适用代位继承。根据上述规定，胎儿可代位继承其父亲应继承的遗产份额。

综上所述，肖某腹中的胎儿是具有继承权的，胎儿虽未出生，但其继承权应予保护。根据我国《继承法》第11条规定，本案中被继承人王三全的第三个儿子先于其死亡，第三个儿子应得的遗产份额应由胎儿代位继承。因此，王三全的长子与次子两人分割遗产是没有法律根据的，应为胎儿保留1/3的遗产份额。为胎儿保留的遗产份额的处理，按照上述处理的三种情形依法处理。

保留给胎儿的财产由谁管理？根据我国《继承法》第6条的规定："无行为能力人的继承权、受遗赠权，由他的法定代理人代为行使。"另外，《婚姻法》第23条规定："父母有保护和教育未成年子女的权利和义务。"鉴于胎儿尚在母体腹中的生理特征，保留给胎儿的遗产，依此应由其母亲代为管理。这既符合法律上的规定，也尊重了胎儿在生理上的特性。如胎儿生下后，其母亲亦死去，则由其法定代理人代为监管其财产。在通常情况下，母亲及相关代理人是无权处分这部分遗产的，否则就是侵权，因为在胎儿出生之前，这部分遗产归属尚不确定。但在以下特殊情况下，由于情势所逼，我们认为其母或其他法定代理人可以处置这部分遗产：一是胎儿尚未出生，其母患重病，而又无力医治的情况下，可以处分，但应以治病为限；二是胎儿活产后，未成年之前，因治病求学等急需，而其法定代理人又无力负担的情况下可以处分；三是家庭遇天灾人祸，为了维持起码的生活之急需的情况下，可以处分。以上三点均以急需、迫不得已为前提条件。

44 继承案件的举证责任如何分配？

典型事例

翁某清的爷爷生有两男两女，其父亲是长子。爷爷于 2012 年 5 月去世，生前留有一份遗嘱，将生前所住的一套 64 平方米的拆迁安置房留给翁某清，让他拿出十几万元出来给两个姑姑和一个叔叔分，两个姑姑少分一点，叔叔多分一点。遗嘱上没有说清楚折价后的房产价格以及子女分配的份额。翁某清说，现在他叔叔不同意按照爷爷的遗嘱分配房产，想尽可能多分些钱。翁某清本人希望按爷爷的遗愿办理，但是叔叔和姑姑不同意。对遗产的分割，由于奶奶没有文化，不懂怎么操作，没有能力做主。

法律分析

根据《民事诉讼法》第 64 条第 1 款"当事人对自己提出的主张有责任提供证据"的规定，当事人在起诉或应诉时应向法院提交必要的证据或证据线索，以证明自己的主张或反驳主张。否则，当事人的主张有可能得不到法院的支持，将承担败诉的后果。以下是应向法院提供的主要证据：

1. 提供公安机关或所在单位出具的被继承人死亡证明书。
2. 被继承人生前户籍地、居住地、死亡地和主要遗产所在地的详细地址。

3. 被继承人遗产的种类、数量、金额、遗产由谁占有、使用、收益、保管的证明材料，如遗产清单、产权证书、发货票、证人证言等。

4. 遗产在家庭共有财产中或在其他形式共有财产中（如合伙财产等）的，应提供其他共有人的姓名、性别、年龄、住址；遗产在共有财产中的证据，如房屋产权证书、合伙协议等，合伙企业是否清算或营业，审计证明等。

5. 被继承人生前婚姻状况，生育和抚育子女的证明材料，被继承人的直系血亲、法律拟制血亲或与之有密切关系的旁系亲属的姓名、性别、年龄、工作单位和住址等证明材料，以及他们对被继承人所尽义务的证明材料。

6. 被继承人的妻子怀孕，应提供已怀孕的证据。

7. 被继承人无第一顺序继承人的，应提供第二顺序继承人的人数，各自与被继承人的关系的证明材料。被继承人的子女先于被继承人死亡的，应提供被继承人子女的晚辈直系血亲姓名、性别、年龄、工作单位及住址等情况。

8. 丧偶儿媳、丧偶女婿继承公婆、岳父母遗产的，应提供尽了主要赡养义务的证明材料。

9. 被继承人生前立有遗嘱的，应提供遗嘱原件。公证遗嘱的提供公证书，自书遗嘱的提供自书原件及能证明确系自书的证明材料。代书遗嘱、录音遗嘱、危急情况下所立的口头遗嘱要提供原件、录音或录像及与继承人、受遗赠人无利害关系的两名以上见证人的证明材料。

10. 提供立遗嘱人在立遗嘱时是否有民事行为能力，有无受胁迫、被欺骗情况的证明材料。

11. 被继承人生前立有遗赠扶养协议的，应提供遗赠扶养协议书，对被继承人尽扶养义务等证明材料。

12. 被继承人生前有债权、债务的，应提供详细的数额及借款凭证；提供债权人、债务人的姓名、性别、工作单位、住址等证明材料。

13. 继承人或受遗赠人有放弃继承权或受遗赠的，应提供放弃人的书面证明材料。

45 电子遗嘱是否具有法律效力？

典型事例

王大力兄弟三个，大学毕业都工作在外地。老大、老二均已娶妻生子，只有小弟至今未婚。小弟工作在西北山区，条件艰苦，工资收入低，父母一直对他放心不下。今年父母双双病逝，逝世前他们通过电子邮箱给三个子女发过一封关于房屋等价值100万遗产的处理函（遗嘱）。写明上述遗产在他们走后归小儿子所有，注明了年、月、日，并有亲笔签名。父母走后，清理父母的遗物，他们一直没有找到这份电子遗嘱的手稿。那么，这份电子遗嘱是否具有法律效力呢？

法律分析

电子邮件是指通过电子等方式产生、传递、接收或储存信息的方式，是国际互联网提供的通信方式之一。根据2005年4月1日起施行的《中华人民共和国电子签名法》第3条规定："民事活动中的合同或者其他文件、单证等文书，当事人可以约定使用或者不使用电子签名、数据电文。当事人约定使用电子签名、数据电文的文书，不得仅因为其采用电子签名、数据电文的形式而否定其法律效力。前款规定不适用下列文书：（一）涉及婚姻、收养、继承等人身关系的；（二）涉及土地、房屋等不动产权益转让的；（三）涉及停止供水、供热、供气、供电等公用事业服务的；（四）法律、行政法规规定的不适用电子文书的其他情形。"目前，我国《继承法》第 17 条只规定了五种有效形式的遗嘱：公证遗嘱、自书遗嘱、代书遗嘱、录音遗嘱、口头遗嘱，没有电子遗嘱的规定。因此尽管电子邮件属于书面证据的一种，可靠的电子签名与手写签名或者盖章具有同等的法律效力，但电子邮件遗嘱是没有法律效力的，即便有立遗嘱人的亲笔签名，注有年、月、日，符合自书遗嘱的构成要件，电子签名已经第三方认证并非伪造，也不能认定该电子邮件遗嘱为有效的遗嘱。因此，王大力父母的遗产应当按照《继承法》第 10 条法定继承办理，即由第一顺序继承人的配偶、子女、父母继承。同时，根据《继承法》第 13 条的规定，同一顺序继承人继承遗产的份额，一般应当均等。继承人协商同意的，也可以不均等。据此，本案可以由兄弟三个协商，尽量遵循其父母的遗愿处理。

46 什么情况下遗嘱会无效？

典型事例

2012 年 8 月 12 日，李某病重，经医治无效去世。李某有三个子女，分别是李一、李二、李三，他们都已成家。李某立下遗嘱将其仅有的一套房屋留给了李三。后李一、李二认为该遗嘱剥夺了自己的继承权，请求法院确认该遗嘱无效，并按法定继承分割该房屋。

法律分析

1. 不符合法定的形式要件。《继承法》规定代书遗嘱、录音遗嘱和口头遗嘱必须有两个以上的见证人在场见证，并且"无行为能力人、限制行为能力人，继承人、受遗赠人，与继承人、受遗赠人有利害关系的人"不能作为见证人。另外，口头遗嘱必须是在危急情况下才可以作出，危急情况结束后，遗嘱人能够用书面或者录音形式立遗嘱的，应当订立书面遗嘱或者录音遗嘱。否则，所立的口头遗嘱失效。失效遗嘱所涉遗产依法定继承的规定处理。

2. 主体不符合法定条件。遗嘱同其他民事行为一样，对主体资格有一定的要求。《继承法》第22条第1款规定："无行为能力人或者限制行为能力人所立的遗嘱无效。"作为一种民事行为，遗嘱是以立遗嘱人能进行有效的意思表示为前提的，行为人必须具备相应的行为能力，无行为能力和限制行为能力人均不能有效表达自己的意愿，形成有效的意思表示，因而不具有订立遗嘱的能力。确定遗嘱人是否具有遗嘱能力，是以遗嘱人订立遗嘱时为准。

3. 遗嘱的客体存在瑕疵而导致遗嘱无效。因为遗嘱是立遗嘱人死亡时才开始发生法律效力的单方民事法律行为，等到遗嘱生效时，遗嘱中所涉及的财产如果有瑕疵（既包括实际的毁损，也包括权利的瑕疵），那自然不会产生遗嘱人在遗嘱中希望达到的法律后果。实际的毁损容易理解，即遗嘱要处分的物已经灭失、不存在，自然也就谈不上继承的问题。权利的瑕疵包括：①立遗嘱人在立遗嘱后全部或部分转让了所有权，立遗嘱人不再具有对物的完全处分权；②遗嘱中所涉及的财产根本不归立遗嘱人所有，那么遗嘱中涉及的对这部分财物的处分自然也就没法实现。《继承法》第3条规定公民在遗嘱中可以处分的财产包括：公民的收入、房屋、储蓄和生活用品，公民的林木、牲畜和家禽，公民的文物、图书资料，法律允许公民所有的生产资料，公民的著作权、专利权中的财产权利，公民的其他合法财产。公民立遗嘱时只能对自己的合法财产享有处分权，如果对不属于个人的财产进行处分，就属于无效处分，会引起该部分内容失效。最常见的就是遗嘱中涉及夫妻间的共有财产、抚恤金、保险金等，因为此类财产具有很强的人身性质，有其特殊性在里面，因而立遗嘱时，应谨慎处理此类财产，确保立遗嘱人拥有完全所有权后，才能在遗嘱中进行处分。

4. 违反法律强制性规定的遗嘱无效。最常见的是《继承法》第 19 条规定的遗嘱应当为缺乏劳动能力又没有生活来源的继承人保留必要的遗产份额。如果遗嘱违反此条规定，则遗嘱中对应当保留的必要份额的处分无效，法院会首先划出无劳动能力又没有经济来源的继承人应享有的份额，然后再对剩余的部分参照遗嘱确定的分配原则进行处理。

5. 受胁迫、欺骗所立的遗嘱无效。行为人的意思表示真实是民事法律行为有效的必需要件之一，如果立遗嘱人受到外力胁迫或受他人欺骗而订立遗嘱，事后立遗嘱人又有证据证明胁迫、欺骗情形的，法院会认定该遗嘱无效。

6. 存在多份遗嘱而导致部分遗嘱失效。《继承法》规定的遗嘱法定形式有：公证遗嘱、自书遗嘱、代书遗嘱、录音遗嘱和口头遗嘱。正如前面所讲到的，既然遗嘱是于遗嘱人死亡时才开始发生法律效力的单方民事法律行为，那么在遗嘱发生效力之前，遗嘱人可以随时变更或重新订立遗嘱，这样就有可能出现有多份遗嘱同时存在的情况。如何确认这多份遗嘱的效力？一般应遵循下列原则：首先，多份遗嘱如果处分的内容并不冲突并相互补充，则各自都有法律效力；其次，如果内容存在冲突，那么遵循以下原则处理：公证遗嘱优先原则，即数份内容相抵触的遗嘱中有公证遗嘱的以最后所立公证遗嘱为准；后遗嘱优先原则，在没有公证遗嘱时，以最后所立的遗嘱为准。

7. 因继承人的原因导致遗嘱失效。此种情形首先表现为继承人放弃或者丧失继承权。继承权作为一项民事权利是可以放弃的，如果继承人放弃了继承权，那么自然使遗嘱的该项处分失效。另外，如果继承人因为法定原因丧失了遗嘱继承权也会导致遗嘱的该项处分无效。《继承法》第 7 条规定的丧失继承权的情形有：①故意杀害被继承人；②为争夺遗产而杀害其他继承人；③遗弃被继承人或虐待被继承人情节严重；④伪造或者销毁遗嘱情节严重。丧失或放弃继承权的这部分遗产份额依法定继承的规定处理。因继承人的原因导致遗嘱失效的另一情形是遗嘱继承人先于被继承人死亡，遗嘱此时并未生效，其应继承的财产份额应依法定继承的规定处理，并不会产生遗嘱继承的效力。

8. 清偿债务导致的遗嘱失效。我国自古流传"父债子还"这一说法，然而现在我们再来分析这一说法，它显然是同我国现行的法律规定相抵触的。父、子二人作为两个法律上独立的民事主体，子女没有法定的义务偿还父辈的债务，子女仅在继承的遗产范围内偿还父辈债务，即遗产先用来偿还应偿还债务，如果被继承人的财产不足清偿其所欠的债务，则首先满足法律的强制性规定——为缺乏劳动能力又没有生活来源的继承人保留适当遗产，然后依《继承法》第 33 条的规定清偿债务。这样实际上就使得被继承人在遗嘱中对相关财产的处分完全得不到实现，因而这样的遗嘱也就失去了实际意义，并不会发生法律效力，产生立遗嘱人希望的法律后果。所以立遗嘱人在订立遗嘱时，应充分考虑到这一点，否则只能"竹篮子打水一场空"。

上述八个方面是最基本的应该注意的问题，如果当事人的情况不是太复杂，比如说没有遗赠扶养协议、遗赠协议等其他法律文件，那么只要注意上面八个方面的问题，就基本上可以避免遗嘱部分或全部失效，从而使遗产真正按照立遗嘱人的意愿予以分配。

47 继承纠纷的诉讼时效是多少？

典型事例

家住门头沟区的李女士的父亲于 1973 年因病去世，母亲与他人再婚，婚后将所住房屋进行了扩建和翻修。1985 年李女士的母亲、继父相继去世。1993 年 7 月，李女士继父与前妻所生的子女取得了该房屋的所有权证。李女士于 2009 年 4 月起诉至门头沟区人民法院，认为这套房屋是父母的遗产，自己有继承的权利，要求依法分割。李女士继父的子女不同意李女士的诉讼请求，认为她早就放弃了继承的权利。经审理，法官驳回了原告李女士的诉讼请求。

法律分析

根据《继承法》第 8 条的规定，继承权纠纷提起的诉讼期限为 2 年，自继承人知道或者应当知道其权利被侵犯之日起计算，但是，自继承开始之日起超过 20 年的，不得再提起诉讼。本案中李女士的父母、继父于 20 余年前死亡，继父与前妻所生的子女依法取得了房产所有权证，李女士于 20 余年之后提起继承诉讼，已过法律规定的诉讼时效，法院不予支持。

《继承法》第 8 条规定："继承权纠纷提起诉讼的期限为二年，自继承人知道或者应当知道其权利被侵犯之日起计算。但是，自继承开始之日起超过二十年的，不得再提起诉讼。"

48 承包的土地可以作为遗产继承吗？

典型事例

2008年2月13日，原告的父亲李圣云将其承包的农田3.08亩转包给同村村民芮国宁经营，因李圣云不识字，转包合同由李格梅代签。后李圣云于2014年去世，去世前将上述3.08亩农地的承包证交给原告，并言明该3.08亩土地由本人和李格梅共同继承，每人一半。但李格梅一直将该3.08亩土地全部据为己有。原告曾多次与李格梅协商，李格梅均不同意返还。原告请求判令其对该3.08亩土地中的1.54亩土地享有继承权；判令被告向原告交付该部分土地。

法律分析

根据《农村土地承包法》第3条第2款的规定，农村土地承包采取农村集体经济组织内部的家庭承包方式，不宜采取家庭承包方式的荒山、荒沟、荒丘、荒滩等农村土地，可以采取招标、拍卖、公开协商等方式承包。因此，我国的农村土地承包经营权分为家庭承包和以其他方式承包两种类型。

以家庭承包方式实行农村土地承包经营，主要目的在于为农村集体经济组织的每一位成员提供基本的生活保障。根据《农村土地承包法》第15条的规定，家庭承包方式的农村土地承包经营，其承包方是本集体经济组织的农户，其本质特征是以本集体经济组织内部的农户家庭为单位实行农村土地承包经营。因此，这种形式的农村土地承包经营权只能属于农户家庭，而不可能属于某一个家庭成员。根据《继承法》第3条的规定，遗产是公民死亡时遗留的个人合法财产。农村土地承包经营权不属于个人财产，故不发生继承问题。

家庭承包中的林地承包和针对"四荒"地的以其他方式的承包，由于土地性质特殊，投资周期长，见效慢，收益期间长，为维护承包合同的长期稳定性，保护承包方的利益，维护社会稳定，根据《农村土地承包法》第 31 条第 2 款、第 50 条的规定，林地承包的承包人死亡，其继承人可以在承包期内继续承包。以其他方式承包的承包人死亡，在承包期内，其继承人也可以继续承包。但是，继承人继续承包并不等同于《继承法》所规定的继承。而对于除林地外的家庭承包，法律未授予继承人可以继续承包的权利。当承包农地的农户家庭中的一人或几人死亡时，承包经营仍然是以户为单位，承包地仍由该农户的其他家庭成员继续承包经营；当承包经营农户家庭的成员全部死亡时，由于承包经营权的取得是以集体成员权为基础，该土地承包经营权归于消灭，农地应收归农村集体经济组织另行分配，不能由该农户家庭成员的继承人继续承包经营。否则，这会对集体经济组织其他成员的权益造成损害，对农地的社会保障功能产生消极影响。

本案中，讼争土地的承包经营权属于李圣云家庭，系家庭承包方式的承包，且讼争土地并非林地。因此，李圣云死亡后，讼争土地应收归当地农村集体经济组织另行分配，不能由李圣云的继承人继续承包，更不能将讼争农地的承包权作为李圣云的遗产处理。

49 宅基地能否作为财产进行继承？

典型事例

某村村民王甲在本村拥有一处宅基地，其于 2012 年 6 月份因病死亡，王甲生前已经离异，有一子王乙，和王甲前妻共同生活，现年 18 岁。王甲去世后，其房屋已倒塌，王乙要求继承王甲的宅基地，翻建新房。

法津分析

王甲生前所使用的宅基地系集体所有，不属个人财产，因此王乙对王甲生前所使用的宅基地无权继承。此处宅基地使用权应由村民集体经济组织收回，按照土地管理有关法律法规的规定合法处置。

宅基地使用权是特殊的用益物权，是一项特殊的财产。其特殊性表现为：

1. 宅基地使用权的取得具有无偿性。从我国现有的法律规定来看，农民取得宅基地使用权除缴纳数量较少的税费外，无须缴纳其他费用，原则上是无偿取得。

2. 宅基地使用权具有人身依附性。根据《土地管理法》的规定，宅基地使用权与集体经济组织的成员资格密切相关，一经设定即具有极强的人身依附性，禁止流转。

3. 宅基地使用权在功能上具有福利性。宅基地使用权为保障农民住房而设立，具有社会保障职能。

故此，宅基地使用权的特性决定了它是一项不适于继承的特殊财产，基于取得上的无偿性，如允许其继承，将使继承人无端受益，有违公平理念。人身依附性决定了它必须因具有集体经济组织成员资格而取得，因集体经济组织成员资格的消亡而消亡，不产生在不同主体之间的流转（包括继承）问题；而福利性质决定了如果允许其继承将导致宅基地无限扩大。因此，《土地管理法》规定了村民一户只能拥有一处宅基地。

50 同一顺序的继承人之间如何分配遗产?

典型事例

张先生、高女士两位老人共生育四女一子,两位老人先后去世,在即墨市龙泉街道某某村留有房屋一处。因对该房产继承问题协商未果,老人的四女儿(原告)到法院起诉要求按照法定继承。老人的儿子(被告)认为,1976年老人已经将涉案房屋中的两间半分家给了他,并有证人出庭作证,另外两间半老人也口头说其百年后由儿子继承,故涉案房屋应由其全部继承。其他继承人均同意按照法律规定进行继承。原审法院判决将房屋按照法定继承予以分割。一审宣判后,老人的儿子不服,提起上诉,请求改判涉案房屋1/2为其分家所得,另1/2按法定继承予以分割。二审庭审中,各方对涉案房屋是否经过分家展开了辩论。法官当庭进行了调解,但没有成功。法官认为,家庭纠纷最好以和解方式解决,因为亲情和家庭的和睦是最重要的。

法律分析

我国《继承法》第13条规定:"同一顺序继承人继承遗产的份额,一般应当均等。对生活有特殊困难的缺乏劳动能力的继承人,分配遗产时,应当予以照顾。对被继承人尽了主要扶养义务或者与被继承人共同生活的继承人,分配遗产时,可以多分。有扶养能力和有扶养条件的继承人,不尽扶养义务的,分配遗产时,应当不分或者少分。继承人协商同意的,也可以不均等。"

据以上规定,在分配遗产时,应掌握以下几个情况:

1. 各继承人在生活条件和对被继承人所尽的义务大抵相同时,所获得的遗产份额应该均等。

2. 对生活有特殊困难，缺乏劳动能力的继承人，如未成年人、丧失劳动能力的人，对被继承人尽了主要扶助义务或与被继承人共同生活在一起的人，可以多分。

3. 对那些有扶养能力和扶养条件而不尽扶养义务的继承人，在分配遗产时，应当不分或者少分。但是，对那些虽然扶养能力小，扶养条件差，而尽最大努力扶养被继承人的，或者没有扶养能力和扶养条件的继承人，不但不应少分给他们遗产，而且还应该适当地多分给他们。

4. 继承人协商同意的也可以不均等。即同一顺序的继承人在继承开始后，对遗产的分配达成协议时，可按协议处理。

5. 对于那些有扶养能力和扶养条件的继承人，因为被继承人有固定收入和劳动能力，不要求继承人扶养而没有尽扶养义务的，在分配遗产时，也不应该因为这个而影响其继承的份额。

图书在版编目（ＣＩＰ）数据

农村婚姻继承常见法律问题解答：案例应用版/路正著.—北京：中国政法大学出版社，2015.2

ISBN 978-7-5620-5926-4

·Ⅰ．①农…　Ⅱ．①路…　Ⅲ．①婚姻法－中国－问题解答②继承法－中国－问题解答　Ⅳ．①D923.05

中国版本图书馆CIP数据核字(2015)第040531号

出　版　者	中国政法大学出版社
地　　　址	北京市海淀区西土城路25号
邮寄地址	北京 100088 信箱 8034 分箱　邮编 100088
网　　　址	http://www.cuplpress.com（网络实名：中国政法大学出版社）
电　　　话	010-58908285(总编室) 58908334(邮购部)
承　　　印	固安华明印业有限公司
开　　　本	880mm×1230mm　1/32
印　　　张	8.25
字　　　数	200千字
版　　　次	2015年2月第1版
印　　　次	2015年2月第1次印刷
定　　　价	19.00元